著

性格致勝

MBTI × 心理學 × 人脈策略的成功學地圖

WINNING WITH CHARACTER

停止模仿別人的成功,才有機會認識真正的自己;
不讓性格限制你的成長,找出那條專屬的成功捷徑!

目 錄

前言
你不必變得不像自己，也能活成你想要的樣子　　005

第一章　認識你自己：MBTI 性格的潛能導航　　009

第二章　九型人格對話：成功潛意識的探索工具　　033

第三章　行動的力量：從性格驅動到成果複利　　059

第四章　個人品牌打造：從內在定位到外在影響　　085

第五章　關係就是資產：人脈經營的心理學　　109

第六章　人際影響力與社會定位　　137

第七章　目標設定與意志力設計　　161

第八章　時間管理與自律鍛鍊　　189

目錄

第九章　抗壓能力與情緒復原力　　　　　　　　　211

第十章　財富心態與思維轉化　　　　　　　　　　239

第十一章　創造高影響力的決策模型　　　　　　　269

第十二章　打造屬於你的成功模型　　　　　　　　299

結語
你不是要改變性格，而是用性格打開通往成功的門　　327

前言
你不必變得不像自己，
也能活成你想要的樣子

　　我們從小被教導要成功、要出人頭地、要找到自己熱愛的事，然後最好還能持續做那件事到老。社會用一種單一標準對每個人喊話：去找到你的天賦、發揮你的潛力、別輸在起跑點。但這樣的喊話背後，卻隱含了一個沉重的前提──你得先成為別人眼中那個「對的樣子」，你才配談夢想、談自由。

　　於是，我們努力模仿、拚命補強、花錢上課、聽演講、買書、換跑道，不停追問自己：「我這樣是不是不夠格？是不是做錯了？為什麼別人可以走得比我順？」

　　但你有沒有想過，這些焦慮，也許並不是你能力不足，而是你一直用不屬於你的方式，去完成你該用自己方式完成的事。

◎這不是一本教你「成功」的書，而是教你怎麼看懂自己

　　《性格致勝》不是談激勵，也不談速成法則。這本書的目的只有一個：用心理學與性格理論，幫助你打造屬於自己的成功模型。

　　我們認為，「成功」不該只有一種樣子。每個人都有一套適合自己的節奏、動機、影響方式與壓力反應。如果你不知道你是哪一型人，就很容易活在別人的成功公式裡，然後一邊努力，一邊懷疑自己是不是不夠格。

前言　你不必變得不像自己，也能活成你想要的樣子

心理學家榮格說過一句話：「真正的自由不是沒有限制，而是能清楚知道自己的心理結構，並以此為基礎做出選擇。」

這本書就是一本心理結構地圖。

我們將會帶你從兩大現代性格理論出發——MBTI 與九型人格——幫助你釐清你的行為模式、內在動力、關係節奏、決策風格與自我回復機制。這些不是為了貼標籤，而是幫你建立一套清晰可辨的個人使用說明書。

◎成功不在目的，而在是否「順著自己」前進

你可以是內向者，也可以當一個領袖；你可以是感性型，也能做出高效決策；你不一定要很會說話才有影響力；你不必變得社交活躍才有機會創業成功。你只需要清楚自己哪裡自然，哪裡容易消耗，然後設計一條適合你前進的路。

我們會告訴你：

- 為什麼有些人總是努力卻無法持久？因為他們一直在做「人格消耗型努力」；
- 為什麼有些人在人際關係中總是感到被壓榨？因為他們的人脈模式與性格不匹配；
- 為什麼你設定的目標總是半途而廢？因為你沒有根據你的心理節奏安排行動策略；
- 為什麼你做的每件事都沒錯，但總覺得人生沒意義？因為你的行動與內在動機失配。

◎從看懂自己,到打造屬於自己的成功邏輯

這本書共分為十二章,每一章探討一個與成功心理密切相關的主題,例如:動機、目標、時間管理、人際影響力、情緒韌性、資源整合、心智產品線……每一章又細分五節,讓你逐步拆解:

■ 你的性格如何影響行為?
■ 你在哪裡容易耗損?
■ 你要怎麼設計屬於自己的動力系統?
■ 你要怎麼跟不同性格的人合作、不內耗?
■ 最重要的是——你如何用本來的自己,活出屬於自己的成功樣貌?

我們不會告訴你哪一種性格最好,也不會說你「應該」怎麼樣。我們只會告訴你:每一種性格都有屬於它的優勢與陷阱,而你要做的,不是修正自己,而是設計自己。

◎為什麼我們選擇用 MBTI 與九型人格作為工具?

MBTI(Myers-Briggs Type Indicator)是一套分析人的認知偏好與決策習慣的心理模型,適合觀察日常行為風格;九型人格則是一套揭露深層動機、恐懼與渴望的結構系統,適合探討壓力反應與人生選擇。

這兩套工具,一套看你怎麼行動,一套看你為什麼行動。結合起來,能幫你辨識:

■ 為什麼你總在某些情況特別焦慮?
■ 為什麼你很努力,卻總覺得不被理解?
■ 為什麼你做的選擇經常重複後悔?
■ 為什麼你一到某種人際場景就會「卡住」或「過度取悅」?

前言　你不必變得不像自己，也能活成你想要的樣子

透過 MBTI×九型的交叉分析，你可以建構出你自己的「性格雷達圖」，了解你的決策節奏、情緒模式、人際風格與能量回補方式，讓你的選擇更一致、關係更順暢、行動更有續航力。

◎這不只是一本書，而是一個啟動點

當你讀完這本書，你會開始問出新的問題：

■「我這樣的性格，可以怎麼走出屬於我的成就模式？」
■「我不想再拼命變得不像自己，那我該怎麼做才能又自在又有影響力？」
■「我的成功路徑該怎麼設定，才能既長期又不耗損？」

如果這些問題開始浮現，這本書的任務就完成了一半。

剩下的一半，將由你接手 ── 用你的性格、你的生命經驗、你的選擇，一步一步，打造出那條不再和別人比較，而是與自己對齊的人生。

因為最終我們相信：你不必變得不像自己，也能活成你想要的樣子。

第一章

認識你自己：MBTI 性格的潛能導航

第一章　認識你自己：MBTI 性格的潛能導航

第一節
MBTI 是什麼？成功不該只有一種樣子

1. 成功的定義不該只有一種模板

　　當我們談到「成功」，許多人腦中立刻浮現的，往往是一個極度外向、充滿行動力的創業家形象，可能像是賈伯斯或馬斯克那樣，站在舞臺上侃侃而談，擁有激發人群的魅力，並對未來有著清晰的遠見與執行力。但事實是，這只是一種成功樣貌，而且只是最常被媒體放大的那一種。世界上還有無數成功者，他們可能內向、深思熟慮，不喜歡成為焦點，卻以極強的邏輯力與洞察力主導產業轉變。像比爾蓋茲、華倫・巴菲特這樣的人，他們的成功也並不依賴外向或社交技巧，而是靠著極致的專注、深度思考與個人節奏達到巔峰。

　　這正是我們需要重新思考「成功」一詞的原因。在心理學與性格研究中，特別是 MBTI 系統（Myers-Briggs Type Indicator）提供了一個關鍵視角：每個人都有與生俱來的認知傾向，而這些傾向正深深影響著我們的溝通風格、做事節奏、人際互動，甚至金錢觀與人生目標。當我們不再拿別人的藍圖來衡量自己的價值時，才有機會打造真正適合自己的人生路線圖。MBTI 讓我們明白，成功不該是一種模板，而是一種與自己性格高度對齊的狀態。

2. MBTI 的起源與理論基礎：榮格與邁爾斯母女的貢獻

　　MBTI 的完整名稱是「Myers-Briggs Type Indicator」，中文常譯為「邁爾斯－布里格斯性格分類」，這個工具的核心靈感來自瑞士心理學家卡爾・榮格（Carl Gustav Jung）的類型學理論。榮格曾在其著作《心理類型》中

第一節　MBTI 是什麼？成功不該只有一種樣子

提出，人類的心智運作主要可分為不同的認知功能，例如外向與內向、感知與直覺、思考與情感。他相信這些傾向是人類心理結構中根本的構成元素，不只是習慣問題，而是天生存在於我們的大腦運作中。

二十世紀中期，美國母女檔凱瑟琳・布里格斯（Katharine Briggs）與伊莎貝爾・邁爾斯（Isabel Myers）進一步將榮格理論加以應用，設計出一套可以分類人類性格的實用工具，並發展成現今的 MBTI 量表。這個系統將人類的性格分為四大維度、八個對立特質，最後形成 16 種性格類型：例如 INTJ（內向、直覺、思考、判斷型）、ESFP（外向、感知、情感、知覺型）等。MBTI 不是拿來限制人的框架，而是協助我們找到「運作最順暢的方式」，從而提升合作效率、溝通品質與個人幸福感。

重要的是，MBTI 被全球各大企業與教育機構廣泛使用。像 Google、微軟、IBM 等都曾將 MBTI 納入團隊溝通訓練與職涯發展系統。這不只是性格分類，更是一個理解自己與他人、促進多元合作的心理學工具。它讓我們明白，成功不只是「成為最好的人」，而是「成為最適合自己的人」。

3. 十六型人格與多元成功路徑的解讀

MBTI 的最吸引人之處在於它對人性格細緻的拆解。舉例來說，INTJ 類型的人通常擁有高度的策略思維與獨立性，適合從事需要長期規劃與問題解決的工作，例如系統設計師、研究人員或創業家。而 ENFP 則充滿熱情與創造力，擅長啟發他人與建立人際關係，在創意產業、媒體、教育等領域常見成功典範。每一種類型都有自己天生的強項與潛在挑戰。

這也意味著，性格影響的不只是我們的職業選擇，更深層地決定了我們「怎麼定義成功」。內向型可能不喜歡在人群面前發表演說，但卻擁

第一章　認識你自己：MBTI 性格的潛能導航

有深度思考的能力，適合在策略規劃或研究分析中發揮關鍵影響；外向型則可能在業務拓展、領導管理方面具備天生優勢。感知型的人善於處理實際細節，適合專案管理與流程優化；而直覺型則在創意構想與願景構築中發光發熱。

重要的是，每一類型都有其成功範例。Netflix 創辦人里德·哈斯廷斯（Reed Hastings）被推測是 INTP 型，擅長抽象思考與邏輯推理；而前美國第一夫人蜜雪兒·歐巴馬（Michelle Obama）則展現了 INFJ 型的同理力與影響力。這些例子證明：性格從來不是成功的限制，反而是成功的個人化鑰匙。MBTI 讓我們看見，不同的性格，就是不同的成功路徑。

4. 性格不只是個性，是行為背後的運作系統

在許多人的誤解中，MBTI 常被當作是「個性測驗」，像星座那樣看完就算了。但從心理學角度來看，MBTI 的核心價值不在於「標籤你是哪一型」，而在於「理解你是如何感知世界與做出決策」。這四個維度其實對應著四個認知與行動的基礎模式：

- 外向（E）vs. 內向（I）：你從哪裡獲取能量，是社交互動還是內在思考？
- 感知（S）vs. 直覺（N）：你傾向相信具體事實還是抽象可能？
- 思考（T）vs. 情感（F）：你做決定時重視邏輯還是關係？
- 判斷（J）vs. 知覺（P）：你偏好有計畫的行動還是彈性調整？

這些對立特質看似簡單，實則蘊含深層的心理結構，會影響一個人在壓力下的反應、在人際互動中的表現，乃至於選擇職業、規劃人生的節奏。以人脈經營為例，ENFJ 型人天生擅長關心他人，容易在社交場合

快速建立關係；而 ISTJ 型人則偏好深度連結與長期信任，雖不擅長主動出擊，但在穩固合作關係中表現優異。當你理解自己的模式，就能打造適合自己的「人脈策略」，而不是硬塞進別人的成功模板中。

5. 接納多元性格，才是真正的致勝關鍵

從 MBTI 的視角來看，成功不再是比誰更努力、更快、更強，而是比誰更理解自己、更會「用對方式」努力。在過去的成功學觀點中，我們常被灌輸「要像某某人那樣做你才會成功」，但這樣的複製式學習往往讓人挫折，因為每個人的性格驅動力不同。ESFJ 可能很適合高互動、高合作的組織型企業文化，而 INTP 可能更自在於獨立專案與創新研發。若強迫 INTP 去過度社交、要求 ESFJ 獨立解決複雜抽象問題，都可能造成效率下降與心理壓力。

真正的致勝心態是：先接納、再優化。當你理解自己的性格優勢與風險後，就可以針對性地加強自己的策略。例如 ENFP 學會使用清單來管理創意流程，INFJ 建立定期檢核點以避免過度理想化，ISTJ 練習情感表達來改善領導風格。性格不是宿命，而是起點。

成功的人，從來不會花力氣成為別人。他們只花時間，成為最強版本的自己。而 MBTI，就是這段路上的第一盞燈。

第二節
你的性格類型，預示你的機會與挑戰

1. 性格是一種資源地圖，也是一面潛能鏡子

當我們站在人生十字路口上猶豫不決時，常常會問：「我到底適合什麼樣的工作？」或者「為什麼我總在某些事情上卡關，卻在另一些領域得心應手？」這些問題的答案，往往與我們的性格類型息息相關。在 MBTI 的框架中，性格不是一張靜態的標籤，而是一張潛能地圖，預示著一個人在哪些環境中能夠如魚得水，在哪些領域可能需要刻意鍛鍊，甚至在哪些場景下會本能性地避開挑戰。

MBTI 分類出的十六種性格類型，其實提供的是一種「認知慣性」的視角。這些慣性並非鐵律，但卻高度影響我們日常的思考模式、溝通策略與壓力應對方式。當我們對自己與他人的性格模式有了深入了解後，就能跳脫自我批判與比較的陷阱，更客觀地審視個人優勢與限制。這不只是理解自己為何如此行動，更重要的是，理解「這樣的我」可以如何發展出最有效的成功策略。

例如：一位 INFJ 型的內向理想主義者，在快節奏、以即時成果為導向的業務工作上可能感到身心俱疲，但若置身於長期性、具深度價值的教育或社福領域，反而能發揮驚人能量。這並不是誰比較優秀的問題，而是「誰被放對了位置」。成功，從來不是從人群中勝出，而是從認識自己開始。

2. MBTI 中的四對對立維度與你的行動傾向

要理解性格如何影響成功，我們可以從 MBTI 的四個性格維度著手。這四對對立的特質組合起來，形塑了我們與世界互動的方式，影響我們獲得機會的途徑、對挑戰的反應模式，甚至影響我們對「成功」本身的定義。

第一對是外向（Extraversion, E）與內向（Introversion, I）。外向者傾向於從外在環境獲得能量，喜歡與人互動，思考過程也偏好透過說出來的方式進行。他們在人脈建立與公共表達方面通常更具優勢。相對地，內向者則更偏好從內部汲取能量，傾向於先思考再行動，擅長深度分析與獨立作業。在需要長期專注與高度專業性的領域，他們表現往往穩定而優秀。

第二對是感知（Sensing, S）與直覺（Intuition, N）。感知型的人注重實際經驗與細節，對現實世界的掌握能力強，適合操作性、流程性強的工作。而直覺型的人則重視大局觀與未來可能性，容易看見趨勢與隱藏的機會，在策略與創新導向領域常有亮眼表現。

第三對是思考（Thinking, T）與情感（Feeling, F）。思考型的人以邏輯與原則為基礎做決策，重視效率與客觀標準。這使他們在分析、規劃與資源分配上有明顯優勢。而情感型的人則從價值觀與人際關係出發考量決策，更容易獲得他人信任，並在團隊合作與關係經營中發揮領導力。

最後一對是判斷（Judging, J）與知覺（Perceiving, P）。判斷型的人偏好結構與秩序，善於設立目標與執行計畫，容易達成時間管理與任務分工。知覺型的人則重視彈性與應變，能在變動中快速找出路徑，在創意與創業領域表現突出。這四對特質的交互組合，產生了屬於你獨一無二的機會視角與挑戰樣貌。

第一章　認識你自己：MBTI 性格的潛能導航

3. 機會與風險：性格如何形塑你的成長曲線

每一種性格都有與之相對應的「天然場景」，也就是說，在某些情境下，我們的特質會自動被放大，產生正向的成果；但相對地，在某些環境中，那些未經調適的特質也可能成為阻礙。理解這一點，對於建立有效的職涯路徑與人際策略格外關鍵。

舉個實際的例子，INTJ 這一類型，常被稱為「策略規劃師」，他們擅長從混亂中萃取結構，天生具備設計系統與預見未來的能力。他們在需要獨立判斷與高度邏輯推演的領域如人工智慧、工程研發、管理顧問等領域中如魚得水。但這樣的優勢在沒有被善用的時候，也可能轉為挑戰。例如：他們傾向於忽視情感與人際細節，不擅長維繫日常互動關係，容易在團隊溝通中產生誤解，甚至被誤解為冷漠或高傲。

再舉一例，ESFP 型人格，充滿熱情、享受當下、擅長激勵他人與快速行動。他們在人脈拓展、活動企劃與即興溝通中大放異彩。然而，若缺乏長期目標與自我節制，也可能導致效率低落或資源浪費。當環境要求細節規劃與持續耐力時，這類性格可能感到格外吃力。

重點並不在於哪一型比較好，而是你能否辨識自己在哪些環境中會被「放大」、在哪些情境中會被「放空」。當你找到自己的潛能場景，就等於掌握了機會主場；當你意識到自己的風險場景，也就能提早部署心理策略與外部支援，避免陷入性格陷阱。

4. 合作與補位：建立你的性格支援系統

性格不只是用來自我理解，更是用來建立「策略型關係網」的核心依據。在你理解自己的同時，也能更有意識地組成互補團隊，甚至針對性地建立長期合作關係。高價值人脈的其中一項特質，就是「在你無法擅

長的地方，替你補位的人」。

以一位ENFP創業者為例，他充滿創意與熱情，能夠快速啟動專案、打開市場與感染團隊氣氛。但ENFP通常不擅長系統性管理與財務細節，若能搭配一位ISTJ的營運夥伴——邏輯清晰、紀律嚴謹，則整個事業的穩定性與長期競爭力將大幅提升。這樣的搭配，不只是MBTI型號的互補，更是一種性格互信的合作建構。

此外，當我們進入管理層時，性格的影響更為深遠。ESFJ領導者容易促進團隊歸屬感與互助文化，適合做HR、客服或跨部門協調角色；而ENTJ型則偏好挑戰性任務與效率導向，能夠快速建構目標與規則，適合領軍開疆拓土。透過MBTI的知識，我們可以有系統地為自己建立「性格支援網絡」，把原本的弱點，交給天生適任的人去承接，這正是現代領導的心理槓桿思維。

5. 發展型人格觀：你不是被定型，而是被引導

很多人一聽到MBTI分類，就立刻擔心：「那我被貼標籤了嗎？」「我不是I型，也能成為領導者嗎？」這些焦慮源於對性格分類的一種誤解——將MBTI視為靜態宿命，而非動態潛能。事實上，MBTI從未聲稱「你就是這樣不能改」，它反而強調每種性格都有發展方向與補償策略。這被稱為「發展型人格觀」（Developmental Typology），亦即性格不是框住你，而是告訴你從哪裡出發、往哪裡延伸。

比方說，一位ISTP型的技術專才，雖然天性內向、不擅長團體社交，但透過刻意訓練演講與簡報技巧，依然可以成為團隊中的意見領袖。而一位ENFJ雖擅長表達與領導，若不精進邏輯訓練與策略思維，在高階決策上也可能顯得感性偏重。性格只是起跑點，而不是終點。

第一章　認識你自己：MBTI 性格的潛能導航

　　真正的成功者，從不等待環境成全，而是主動創造一套與自己性格最契合的行動方式。MBTI 就像一面鏡子，照出我們最自在的自己，也照見我們尚待補足的可能。當我們學會不再與他人比較、而是專注在自己的性格軌道上修煉，那麼，我們就會成為那種「走在自己節奏裡也能贏」的人。

第三節
從性格看決策：如何做出你會滿意的選擇

1. 決策不是智力問題，而是性格的反射

多數人以為做決定靠的是邏輯與資訊，實際上，心理學告訴我們，90％的決策行為都是由情緒與性格主導。這也解釋了為什麼同樣的資訊擺在不同人面前，最後做出的選擇卻南轅北轍。一位思考型（Thinking）的人可能會因為「長期效益最佳」而選擇某個方案，而情感型（Feeling）的人則可能因為「不想讓某人失望」而走向另一條路。表面上看來是邏輯問題，實則是性格慣性的結果。

MBTI 的四個維度，不只是描述我們如何感受世界，它同時也揭示了我們「如何選擇」、「為什麼選擇」以及「選完之後會怎麼想」。我們在做決定的過程中，無時無刻不在跟自己的偏好、恐懼、習慣甚至內在的價值系統打交道。若一個人不了解自己天生的性格模式，就很容易在選擇上後悔、迷失，甚至重複犯錯。從這個角度來看，MBTI 不僅是性格工具，更是一種決策指南。它告訴我們：你傾向怎麼選、你會為什麼後悔、你該從哪裡開始調整。

2. MBTI 決策類型：每個選擇都有它的偏好系統

在 MBTI 的四個維度中，「思考 vs. 情感」（Thinking vs. Feeling）與「判斷 vs. 知覺」（Judging vs. Perceiving）這兩對對立特質，對我們的決策傾向影響最大。思考型的人以原則、邏輯、結果為主要依據來做判斷，他們重視公平性與系統性，常常問：「這樣做有沒有道理？能不能解決問題？」情感型的人則更關心人際關係、情境反應與價值認同，他們會問：

「這樣做對別人好嗎？這是我相信的事情嗎？」

而在行動節奏上，判斷型的人傾向設定清晰目標，喜歡按部就班地完成計畫，並在時間壓力下迅速完成決定；知覺型的人則較為開放彈性，喜歡保有選項、延後定案，在資訊不完整時也不急於下結論。這也導致他們在壓力情境中表現出完全不同的反應：前者可能因過度焦慮而過早決策，後者則可能因逃避確定而陷入拖延或猶豫。

例如：一位 ENTJ 企業主（外向、直覺、思考、判斷）在經營上會快速定下策略，強調效率與邏輯，對模糊與遲疑深感不耐。但若其搭檔是 INFP（內向、直覺、情感、知覺），則在處理決策時更重視意義、價值與人際和諧，容易陷入選擇焦慮。這兩種性格若缺乏理解，將無法順利合作，但若彼此了解對方的決策節奏與依據，反而能形成一種動態平衡：一方帶來明確方向，另一方提供情感敏銳度，讓決策更全面。

3. 滿意的選擇，來自與性格一致的選擇過程

我們之所以對某些決定感到後悔，並不全然是因為選錯了結果，更多時候，是因為那個選擇「不夠像我」。當一位知覺型（P）的人被逼著按照一份條列清單做選擇時，他可能完成了正確的動作，卻始終無法對那份選擇感到自在；相反地，一位判斷型（J）的人若被要求一直延後決定，他會感到焦躁、無所適從，即使最後的結果是好的，他對過程的煎熬卻可能留下陰影。

心理學家艾德華・戴西（Edward Deci）提出「自主性動機理論」（Self-Determination Theory），指出人類對選擇的滿意度取決於三件事：自主、能力與連結。而 MBTI 正是一種協助人找回「自主感」的工具。當你照著自己性格偏好去思考問題、選擇方法、採取行動時，你就更可

能持續下去，也更可能在結果尚未出現之前，就已經感受到選擇本身的價值。

舉例來說，一位 INFJ（內向、直覺、情感、判斷）在職涯選擇上，若只是單純追求薪資與穩定，而壓抑自己對社會價值與內在意義的渴求，即使外在條件再好，也可能始終對選擇缺乏情感認同；而一位 ESTP（外向、感知、思考、知覺）若被迫長期投入重複性高、缺乏刺激的工作環境，則容易感到被困住，導致表現下滑、動力低落。當性格與選擇過程發生落差時，人就會失去動能；反之，當選擇方式與性格一致，即使環境艱難，也能持續前行。

4. 成功決策的關鍵：辨識性格盲點與強化補償機制

要真正提升決策品質，第一步不是「收集更多資訊」，而是「辨識你的性格盲點」。每一種性格都有其慣性，也就有其可能的偏誤。思考型可能忽略人際影響，情感型可能高估關係成本；判斷型容易太早收斂選項，知覺型則可能過度延遲而錯失時機。知道自己會在哪裡跌倒，是一種比「如何成功」更實用的生存智慧。

以 ENFP（外向、直覺、情感、知覺）為例，他們通常有強烈的動機去追求意義與變化，也很擅長激發他人，但他們在下決定時常常太過重視「當下感覺」，而忽略長期穩定性，這導致他們常常跳躍不同選項、熱情消散得快。若能與一位 ISTJ 類型的人合作（偏好結構、程序、穩定），則在關鍵決策中提供必要的現實對照與風險控管，就能幫助 ENFP 型人更好地落實初衷。

反過來說，一位 ISTJ 若遇到變化性高的挑戰，可能會因「過於謹慎」而錯過新機會。這時若身邊有一位 ENFP 鼓勵他嘗試突破，那麼他的決

策模式就能突破原有性格框架。這就是補償機制的威力：不是去「改變」自己性格，而是找到能夠協助自己「補位」的支援系統。用這種方式提升決策品質，比起逼自己硬改性格來得自然且可行。

5. 建立屬於你的性格型決策流程

在這個節奏快速、選項過剩的世界，做出正確選擇已不只是個人能力問題，更是一種心理強度的表現。MBTI 不是給你一個答案，而是教你建立一種「選擇方法論」——根據你是誰，去設計一套屬於你自己的決策節奏。對於外向型的人，與人討論與快速行動可以幫助聚焦；對於內向型的人，獨處與反思反而更能釐清內在價值。對於判斷型的人，先擬定明確期限、列出選項是有效的；對於知覺型的人，允許一段探索期，設計靈活的選項結構，反而可以避免後悔。

這樣的系統，才是你真正的競爭力。因為你不會再受困於「別人是怎麼選的」，也不會再重複那些「自己其實知道會後悔的選擇」。你將能夠針對性地做出「對你有意義」的決定，不只是對社會有意義、不只是對收入有幫助，而是真正讓你在回顧時能說：「這是我願意承擔的選擇」。

成功從來不是只有一條道路，而是千百條與性格共振的路徑交錯而成。MBTI 不是把你框在某一型裡，而是幫你畫出「你最可能快樂與成功的軌道」。當你開始做出與自己性格一致的選擇，那不只是走對了方向，更是你人生真正開始成為你自己的那一刻。

第四節
性格與職涯：哪種環境讓你脫穎而出

1. 職涯選擇不該是「照著賺錢去」，而是「照著性格走」

在許多職場成功學的主張裡，「賺最多錢」與「進入最熱門行業」常被視為最理所當然的選擇原則。然而，當我們深入探討人們對職涯的滿意度與持續投入的動力來源時，會驚訝地發現：真正能讓人長期表現優異的職涯發展路徑，往往不是選擇「看起來最好」的選項，而是「對你來說最自然」的那一條。而這個「自然感」的核心，正來自於你的性格類型與環境適配程度。

MBTI 提供的不是職涯建議的「萬用解答」，而是一個看見潛在發光場域的分析系統。不同性格對「理想工作環境」有著本質上的不同期待。有些人需要高社交、高互動、快速變化的職場節奏才能激發潛力；有些人則偏好安靜、有邏輯結構、有個人掌控空間的環境，才能穩定輸出高品質成果。如果我們硬要一位 ISTP 型人才去當客服主管，或是要一位 ENFJ 去做後端系統測試，即便他們能力再強，最終也容易陷入倦怠與低效。

真正的職涯成功，是當一個人處在「心理能量流動最順暢」的位置。那不只是做得好，更是做得久、做得穩、做得快樂。性格不只是影響你能不能做一件事，而是影響你願不願意、能不能持久地投入這件事。在快速變動的時代中，個人與環境的匹配程度，不再只是企業人資的問題，而是每個人職涯規劃的核心命題。

2. MBTI 與工作環境偏好：找出你天生的舒適圈

根據 MBTI 的理論，每種性格在工作中都有其偏好的「能量輸出模式」。例如：外向（Extraversion）類型傾向在群體互動中汲取活力，因此更適應開放式空間、頻繁互動的職場生態。他們常在需要協調溝通、業務拓展、領導鼓舞的角色中表現出色。反之，內向（Introversion）類型則習慣從內在整理資訊，喜歡獨立思考、沉澱後再行動，因此更適合安靜、具獨立性與可控性的環境，例如研究、寫作、設計等工作。

再來看感知（Sensing）與直覺（Intuition）這個維度。S 型人關注具體事實、細節與現實層面，適合流程明確、標準穩定的產業，例如製造業、行政管理、醫療專業等。N 型人則偏好抽象思維、可能性與整體架構，適合策略規劃、品牌行銷、創業顧問這類需要「從無到有」創造系統的職務。

而思考（Thinking）與情感（Feeling）決定了一個人在工作中做判斷的邏輯風格。T 型人擅長以效率、邏輯、績效為基礎做出決定，在工程、財務、法律等領域表現穩定。F 型人則擅長從關係、價值觀與情境理解中做出決定，更適合與人溝通、協調與照顧的工作場域，例如教育、社會服務、人資與心理輔導。

最後的判斷（Judging）與知覺（Perceiving）特質，則與工作節奏密切相關。J 型人偏好有規劃、結構清晰的任務進行方式，適合目標導向與任務式專案管理；P 型人則偏好彈性、開放的空間與節奏，擅長應變、創意與跨部門合作。若能將這四個維度的組合套入自身的職場經驗回顧中，你會發現：那些讓你最自在的時刻，其實早就顯示出你潛在的最佳職涯場域。

第四節　性格與職涯：哪種環境讓你脫穎而出

3. 脫穎而出的關鍵：你在哪裡最能被看見與聽見

一位性格內向、傾向深思熟慮的 INFP，如果被丟進一個以口才取勝、每天都要快速提案競爭的銷售環境，很可能會表現平庸，甚至自我懷疑。但若他被放在需要深度同理與細膩表達的創意寫作、品牌內容、心理諮詢領域中，就可能成為團隊最不可或缺的一員。這不是因為他改變了自己，而是因為他終於「被放在正確的位置上」。

這裡有一個關鍵心理學概念：自我實現傾向（Self-Actualizing Tendency），由心理學家卡爾．羅傑斯（Carl Rogers）提出。他認為人本身具有實現潛能的動力，但是否能實現，取決於他是否處於一個能接納他、讓他自由發展的環境。若工作環境壓抑性格本質，人就會退縮、扭曲、甚至崩潰；但若環境能放大他的本質價值，人就會出現爆發性成長與驚人的貢獻。

這就是為什麼性格與職涯匹配如此關鍵：你在哪裡最能被理解，你就在哪裡最有可能脫穎而出。不是因為你特別強，而是因為那個地方「看得懂你」。許多在傳統體系中被邊緣化的人，換到另一種產業或角色後，反而成為不可或缺的戰力。我們應該拋開一體適用的職涯神話，而是問自己：「我的性格在哪種文化中會被視為資產？」

4. 不同 MBTI 類型的職涯關鍵字

從實務上來看，我們可以透過 MBTI 為不同類型的人設定「職涯導航指標」，也就是每種類型進入職場後應優先考慮的環境與任務特性。舉幾個常見例子：

- **INTJ（策略規劃者）**：需要有長期目標、可主導方向的工作場域，例如企劃顧問、研究領導、創新設計等。避免高社交需求與缺乏自主的重複工作。

- **ESFP（樂觀實踐家）**：擅長現場氣氛、人際互動，適合公關、活動策劃、服務產業或創意表演領域。避免封閉型結構、長期坐辦公桌的工作。
- **ISTJ（紀律執行者）**：重視規範、責任與清晰的制度，適合公務體系、品質控管、財務管理等。避免高變動、高情緒勞動的環境。
- **ENFP（啟發創造者）**：適合自由、變化多端、能夠激發人群與想法的場域，如創業、品牌行銷、顧問教練等。避免重複例行的行政事務。
- **INFJ（洞察領導者）**：適合深入意義與人性價值的職務，如心理輔導、社會倡議、教育與創作等。需避免過度競爭與過於技術導向的單調任務。

當然，每一個類型都有無限變化，也可以在不同職位中展現不同潛力。但這些指標能幫助我們從一開始就避免走進「反性格設計」的工作環境，減少不必要的摩擦與能量消耗。每一個人最理想的職涯，都是一場與性格合拍的長期對話。

5. 真正的成功，是當性格與職涯軌道一致

職涯發展最難的地方，不是「找得到工作」，而是「找到那個可以長期耕耘且願意投入的場域」。這其中最大的助力，就是性格與工作環境的高度協調。MBTI 的應用價值不在於限制你去做什麼，而是幫助你「選得更對」。當一個人終於找到那個讓自己能量自然流動、不需勉強扮演角色的職涯方向時，成功不再是偶然，而是一種可預期的自然結果。

心理學家米哈伊・契克森米哈伊（Mihaly Csikszentmihalyi）提出的「心流理論」指出，當一個人的能力與挑戰高度匹配時，就會進入全神貫

第四節　性格與職涯：哪種環境讓你脫穎而出

注、時間感消失的「心流狀態」。而 MBTI 正是找出你在哪裡最容易進入心流的關鍵指南。當工作不再是勉強，而是一種高度自我實現的延伸，你就會在那裡持續成長、自然發光。

所以，請停止問自己「哪個行業最賺錢」、「哪個職缺最熱門」，改問：「什麼樣的環境能讓我感覺自己正被充分發揮？」答案就藏在你的性格裡。只要你願意認真對待自己的 MBTI 類型，它會成為你人生職涯中最可靠的一張導航圖。因為，真正讓人脫穎而出的，從來不是才華，而是你願意走進一個讓你本來樣子被肯定的地方。

第一章　認識你自己：MBTI 性格的潛能導航

第五節　找到最適合你的成功典型

1. 為什麼你不需要成為賈伯斯

　　在這個充滿名人訪談、創業故事與媒體渲染的時代，許多人在追求成功的路上，都誤以為自己必須模仿某些典範，才能被認可為「優秀的人」。我們從 TED 演講、管理書籍、社群貼文中，看到無數關於「早起的 CEO」、「每天看五十本書的創業家」或是「從零打造億萬公司」的激勵故事，卻鮮少有人提醒我們：這些人之所以成功，或許不是因為他們做了這些事，而是他們的性格、背景與目標，正好與這些選擇高度契合。

　　以史蒂夫·賈伯斯為例，他之所以能夠用強烈的直覺與創意重新定義產品與市場，不是因為他單靠個人魅力，而是他作為一位極具遠見與執念的 ENFP 型領導者，對未來趨勢與人性渴望的精準掌握，使得他的反骨與不按常理出牌，反而成為成功的條件。但若一位 ISFJ 型人才一味模仿賈伯斯的領導風格，可能在表達與人際互動中感到極大壓力，甚至產生自我價值的動搖。

　　每個人都有自己能發光的方式。成功，不該是被他人的樣子「套用」在你身上，而是你去「發現」一個與你性格高度對齊的成功原型，並將其打造為可持續前進的路徑。這樣的成功，才會帶來長久的滿足感，也才不會在外界掌聲消退時，留下虛空與懷疑。找到你自己的成功典型，不只是策略選擇，更是一種心理安頓。

2. MBTI 性格類型與成功範式的對應邏輯

　　MBTI 十六型人格提供了非常精確的性格解析架構，而每一種性格在不同環境與任務面前，所展現的「成功特質」也各有不同。關鍵在於，不

第五節　找到最適合你的成功典型

同的人，通往卓越的方式本質上是不同的，有些人靠的是願景領導，有些人靠的是細節執行，有些人善於激勵團隊，有些人則擅長深度研究。若你試圖用一種外顯社交、積極表態的方式來證明自己，卻忽略了你天生擁有的深思、精準與洞察，那你可能會錯過最適合發光的領域。

舉例來說，INTJ型人格的成功通常來自於系統性思考與長遠策略。他們不擅長短期衝刺式的目標，但在需要縝密布局與資源整合的專案中，則能以遠高於平均的效率達成高難度任務。若一位INTJ理解這一點，他將不再強求自己成為團隊中的話題中心，而是選擇在設計未來方向、擬定制度規則中創造價值。

而ESFP則截然不同，他們的成功來自於高社交互動與即時感受力。他們能在演出、活動企劃、人群經營中表現極佳。若強迫ESFP型去處理大量報表或獨立執行冗長計畫，反而會快速消耗其動力。理解自己適合以「體驗與影響」為核心的成功模式，就能使ESFP在人際導向領域中找到自然的舞臺。

從MBTI的觀點來看，最值得推崇的成功典型，不是「某某CEO」或「某某導師」，而是那些「與你同類型」的人在適合場域中達到高成就的故事。這些人，是你的鏡子，也是你潛能的證明。找到這樣的典型，是你人生策略重整的第一步。

3. 建立屬於你的成功標準：從模仿到原創

在成長過程中，我們往往從父母、老師、社會輿論中接收一套既定的成功定義。這些定義通常帶有強烈的比較與競爭色彩，例如「考上好學校」、「進入大公司」、「薪資越高越好」、「領導越多人越有價值」。然而，這樣的標準若未與性格整合，很容易讓人陷入「做到卻不快樂」的困境。

心理學上有一個名詞叫做「認知失調」（Cognitive Dissonance），意指當我們的內在信念與外在行為產生衝突時，會出現焦慮與不滿的情緒狀態。若你是 F 型（情感型）性格的人，卻總是在高壓數據導向環境中追求 KPI 與升遷，你很可能會逐漸對工作失去熱情，即使你表現優異，也無法從中感受到意義與成就。這種長期累積的情緒落差，就是成功的「空殼感」來源。

反之，當我們開始重新定義成功——讓它來自我們內在價值、性格特質與行動偏好之結合——我們就能從模仿他人，走向創造屬於自己的成功路徑。成功，不再是一場社會競賽，而是一種個人進化的證明。

你可以開始問自己這些問題：「我從哪些任務中最有成就感？」「我在哪些角色中最自在？」「我做過哪些事，做得特別好卻又覺得不費力？」這些線索，就是性格與成功交集的證明。當你擁有自己的成功標準，你就不會再被外界的掌聲與比較所左右，而能專注於打造內在穩定的自我成就系統。

4. 案例視角：真實世界的性格型成功者

為了更具體說明「性格型成功典型」的實踐方式，我們來看看幾位在不同性格類型中脫穎而出的代表性人物。他們的成功，不在於他們模仿了某個範本，而在於他們發現了性格與場域之間的高度對應。

第一位是**比爾蓋茲（Bill Gates）**，被廣泛推測為 INTJ。他的成功來自於高度邏輯結構的思維，對長期技術趨勢的敏銳觀察，以及在策略層面上對於資源分配的精準判斷。他從不以「群體魅力」或「激勵演說」取勝，而是在組織內部建立一套系統化流程與預判機制，使微軟長期穩定成長。他的成功證明了內向者、系統思維者也可以成為世界等級的領導者。

第五節　找到最適合你的成功典型

第二位是**歐普拉・溫芙蕾（Oprah Winfrey）**，屬於 ENFJ 或 INFJ 類型。她的情感洞察力、強大的同理心與價值導向的領導方式，使她不只是談話節目主持人，更成為一種文化現象的象徵。她從來不強調邏輯或數據，而是強調「真實的故事」與「心靈的力量」。她的影響力來自於情感連結，而非權威展示。

第三位是**艾隆・馬斯克（Elon Musk）**，可能屬於 INTP 或 ENTP。他的創新能力、概念整合力與打破傳統的行動風格，讓他不斷在不同領域中開創邊界。馬斯克的風格在傳統企業文化中可能被視為難以管理，但在創新型企業中卻是突破性的火種。這再次印證，性格與成功不在於「合不合規」，而在於「合不合場」。

這些例子說明了一件事：性格並不限制你能不能成功，但會大幅影響你「在哪裡」以及「用什麼方式」成功。找到你的性格型成功典型，就是讓你跳脫無謂比較，轉而專注開發屬於你自己的獨特成功模式。

5. 開始打造你的成功模組

當你開始認識自己是什麼性格、擁有什麼行動偏好後，下一步就是建立屬於你自己的成功模組。這個模組不只是一套價值觀與行動組合，更是一種長期可複製的策略系統。它包含三個核心元素：

第一，是「性格對應的角色」。你必須認識到，在某些角色中你會如魚得水，而在某些角色中你會感到筋疲力盡。例如 ENFP 適合成為品牌代言人、創意總監、講師或創業者，而非流程監控員或法務人員。每一種性格，都有其高效率角色模版。

第二，是「價值對齊的任務」。你該選擇的，不是最熱門的任務，而是最能激發你意義感的任務。當性格驅動與任務內容一致，你將從工作

中獲得源源不絕的內在動能，無需額外激勵也能持續投入。

　　第三，是「節奏適配的環境」。外向者需要多元刺激與互動頻率，內向者則需要深度沉澱與獨立空間。J型者需要明確的時間線與進度檢查，P型者則需要彈性調整與選項開放性。選對了節奏，才能真正讓性格優勢變成績效。

　　打造屬於你的成功模組，就是在這三項指標中尋找最能匹配你性格本質的組合方式。當你能清楚描述：「我是這種類型的人，我在這樣的角色中，做這樣的任務，在這樣的節奏中表現最佳」，你就已經掌握了屬於你自己的成功地圖。這張地圖，不會讓你走最短的路，但會讓你走最穩、最持久的路。

第二章

九型人格對話：成功潛意識的探索工具

第二章　九型人格對話：成功潛意識的探索工具

第一節
九型人格與金錢觀：你的財富焦慮從哪裡來？

1. 錢不是問題，但焦慮是：財務困境的心理根源

在財富成功學的世界裡，我們經常被灌輸「致富的方法」，例如被動收入、資產配置、創業自由等概念，但極少有人談論：為什麼同樣的理財知識，有人能快速上手，有人卻遲遲無法落實？為什麼有人即使年收百萬，仍然活在焦慮與恐懼中，而有人月薪五萬，卻過得心安穩定？這些差異的根源，往往不是收入本身，而是我們「對金錢的心理關係」不同。

金錢從來不只是交易媒介，它同時是我們安全感、自我價值與人生意義的投射場。心理學家卡倫・霍妮（Karen Horney）曾指出，人類的基本焦慮狀態與「如何尋求愛與安全」密切相關。而金錢，正是現代社會中最具象徵性的安全感符號。因此，我們對金錢的感受，很少只是數字問題，而是「我是誰」與「我值不值得擁有」的心理映射。

九型人格提供了一個強大工具，幫助我們拆解這樣的心理結構。它將人類的行為動機分為九種核心型態，每一型都有其特定的安全感來源、價值觀焦點與恐懼驅動。我們不再只是問：「你存了多少錢？」而是問：「你為什麼對金錢焦慮？那股焦慮從何而來？」只有這樣，我們才能真正釋放來自深層性格的財務壓力，進而建立適合自己的人生財富策略。

2. 九型人格與金錢焦慮：從行為模式到心理驅動

九型人格（Enneagram）將人類基本性格區分為九類，每一型人格都基於一種核心恐懼與動機而行動，這些動機深刻地形塑了我們如何看待

第一節　九型人格與金錢觀：你的財富焦慮從哪裡來？

金錢、使用金錢，以及面對金錢不確定性的方式。以下是九型人格與金錢觀的概述分析：

第一型「完美主義者」，金錢代表的是「自律與道德感」。他們對財務的要求極高，強調應得與公平，財務焦慮來自「怕自己沒盡責」，擔心未來會因疏忽而陷入困境。這種焦慮讓他們極度保守，有時過於克制消費，甚至壓抑生活的樂趣。

第二型「助人者」，金錢意味著「被需要與被愛」。他們常將金錢用於幫助他人，卻不太會規劃自己的需求。他們的財務焦慮來自「如果我沒錢，就無法為別人付出，就不值得被愛」。因此容易忽略自我保障，反而陷入人際支出過多的財務壓力中。

第三型「成就者」，金錢代表「價值與成功」。他們的金錢焦慮與「表現能力」直接連結，若收入低或財務成績不夠亮眼，就會質疑自己的價值。他們往往擅長投資與提升收入，但也容易因為炫耀性消費而陷入無止盡的競爭。

第四型「浪漫者」，金錢意味著「存在的意義與美感」。他們對財務不冷不熱，不太關心帳戶餘額，反而更在意金錢是否能實現自我風格與內在價值。他們的財務焦慮來自「我是不是與眾不同的存在」，若無法從金錢中實現理想，便容易產生深度自我否定。

第五型「觀察者」，金錢代表「控制與安全」。他們習慣囤積知識與資源，理財邏輯極度嚴謹，但常因害怕風險而延誤行動。他們的焦慮來自「如果我沒有足夠資訊，我會失控」，因此花大量時間研究，但不一定轉化為實際財富。

第六型「忠誠者」，金錢象徵「穩定與信任感」。他們傾向依賴穩定收入與制度保障，常選擇政府、公職、傳統企業。他們的焦慮來自「萬一

變化來臨，我沒準備怎麼辦」，因此偏好保險、定存，但可能錯失高風險高報酬機會。

第七型「享樂者」，金錢是「自由與選擇」。他們將金錢當成探索人生的工具，樂於冒險與體驗，財務規劃常被視為束縛。他們的焦慮不是來自「沒錢」，而是「被限制」。當資源受限時，他們容易逃避現實或衝動花費來對抗焦慮。

第八型「領導者」，金錢象徵「力量與控制」。他們極度重視財務主導權，追求自主收入與資源整合。他們的焦慮來自「失去主控權」，因此強烈抗拒依賴制度或他人，傾向自創事業，但也容易在壓力中過度冒進。

第九型「和平者」，金錢意味著「安定與和諧」。他們對財務相對淡定，不追求高收入，也不願冒險。他們的焦慮來自「如果我不理財，就會有麻煩」，但又因不喜衝突與改變，常陷入被動消極管理，財務問題往往悄悄堆積。

這九種性格對金錢的反應，正反映了每個人深層心理的差異。只有當我們清楚自己是哪一型，並理解金錢在我們心中扮演什麼角色時，才有可能釋放那份「總覺得不夠」的焦慮，轉而建立健康的財務關係。

3. 財務風格與性格風格的對位關係

每一種人格型態都有其專屬的財務風格。所謂財務風格，是指你對金錢的態度、行動與決策模式的總和。這種風格可能來自家庭背景、教育經驗，但更深層的結構，其實來自於性格驅動。當你開始認識九型人格與金錢觀的關聯後，你就會發現：其實你不是財務無能，而是你「選擇的處理方式」不一定適合當前的環境或目標。

第三型人善於追求收入，但常忽略風險控管；第五型人善於理性計

第一節　九型人格與金錢觀：你的財富焦慮從哪裡來？

算，卻遲遲不敢下手；第七型人勇於投資，卻常忘記回收與長期布局；第六型人對風險警覺，卻可能錯失機會。這些模式不是錯誤，而是可被修正的「偏好性反應」。你不需要成為完全不同的人，只需要「在你的風格中補上缺口」。

舉例來說，一位第四型創作者若學會將財務設計納入創作規劃中，不僅能提升收入穩定性，還能進一步強化作品與市場之間的連結；一位第八型領導者若能學會信任財務專業夥伴，而非單靠直覺主導每一次資金運作，反而能大幅提升資產效率與風險調節能力。

這種「風格自覺」是財務成功的起點，也是情緒穩定的基礎。因為你不再一味批判自己「為什麼又存不到錢」、「為什麼又亂花錢」，而是開始理解：「這是我性格的一部分，我可以設計策略來與它合作」。當你將性格視為資源而非障礙，整個財富系統就會開始順流運作。

4. 用對策略，轉化你的財富焦慮

財富焦慮的本質，是對未來不可控感的不安，而解方不在於「更多的錢」，而是「更高的掌握感」。心理學家馬丁‧塞利格曼（Martin Seligman）在其研究中指出，真正能提升心理健康與財務滿意度的，是「學習性掌控感」──一種相信自己能影響未來的信念。而這種信念的培養，必須從符合性格邏輯的策略開始。

對於偏向第五型的你，也許策略是建立「行動週期表」，讓知識轉化為行動；對第二型的你，也許是設計「為自己儲蓄的儀式感」，讓你感受到照顧自己的價值；對第六型的你，也許是建立「多元收入來源與保險配置」的安全結構，來降低對單一環境的依賴；而對第三型的你，則是學會設立「非績效導向的財務目標」，讓你不再把銀行存款當作衡量自我價值的唯一標準。

這些策略的共通點，是它們都不是反性格的強制轉向，而是「順著性格設計出補強機制」。你不需要成為一個冷靜的財務高手才能安心，你只需要找到屬於你這個性格的安穩節奏。從那裡開始，金錢將不再是焦慮的來源，而是你自我照顧與價值實踐的一部分。

5. 金錢是鏡子，不是終點：從性格出發的財富設計

最終，我們必須重新定義「財富」這個詞的意義。在九型人格的架構中，財富不僅是物質資源的總和，而是你是否擁有一種「安住自己」的能力。這種能力來自於你理解了自己的驅動來源、知道自己的恐懼結構，並學會用適合你的方式處理現實世界的資源壓力。當你越認識自己的性格，你就越知道怎麼設計出一套符合你的金錢管理方式。

這意味著，不是每個人都要變成投資高手，不是每個人都要追求財務自由，不是每個人都要創業開公司。而是你要知道，什麼樣的金錢結構、資源流動與生活安排，可以讓你在自己的心理模式中感到最安全、最穩定、最被支持。這樣的財富觀，才是真正能支持你長期成功與快樂的基礎。

所以，下次當你覺得財務焦慮襲來時，請不要急著開理財書或下載投資 APP，而是先問自己：「我是九型中的哪一型？我是在什麼焦慮裡跟金錢互動？我可以用什麼方式，讓自己在不違背本性的狀態下，好好面對這份焦慮？」

金錢不是你生活的敵人，也不是成功的保證，它只是一面鏡子。當你從性格出發，好好照見這面鏡子，你會發現，那些讓你焦慮的，其實不是金錢，而是你還沒認識的自己。

第二節
對抗自我設限：找到你隱藏的成功盲點

1. 成功的最大障礙，往往不是能力，而是你相信了什麼

許多人在談論成功的時候，總將焦點放在技術、資源、人脈與努力這些外在條件上，卻忽略了更根本的一層，那就是：你相信自己能夠成功嗎？你是否真心覺得自己配得上成功？這並不是一個空泛的靈性問題，而是一個極為關鍵的心理學議題。

心理學家卡蘿‧杜維克（Carol Dweck）在其「心態理論」中指出，一個人若持有「固定心態」（fixed mindset），便會將成功視為天賦使然，遇到挑戰時易退縮，擔心自己表現不好會被否定。相對地，擁有「成長心態」（growth mindset）的人，則更傾向相信努力與策略能改變命運，失敗只是暫時狀態。這一差異，從來不是知識造成的，而是深植於每個人性格結構裡的潛意識設定。

而這正是九型人格可以幫助我們看清的地方。每一型人，都因其核心恐懼與動機，而發展出某種「自我限制機制」。這些限制不一定會明顯表現在語言上，但會展現在行為上。你可能會不自覺地拒絕挑戰，推遲決策，逃避冒險，甚至在眼前的機會來臨時選擇退出。這些不是因為你不夠好，而是因為你「曾經相信」你不夠好。

自我設限，從來都不是你真的不能，而是你「覺得你不能」。若不能拆解這個信念背後的性格邏輯，再多的知識與技巧也無法落地。因此，對抗自我設限的第一步，不是加強外部行動，而是深入性格本質，找到那個你長期忽略卻其實一直在影響你人生軌跡的「成功盲點」。

第二章　九型人格對話：成功潛意識的探索工具

2. 九型人格的盲點機制：你是如何阻礙自己的？

九型人格的核心價值在於它揭示了每一型人如何以潛意識方式處理恐懼與欲望，而這種處理模式往往直接衍生出個人的成功盲點。換句話說，每一型都有屬於自己的「陷阱」，而你若從不察覺它，就會一再重複卡關。

第一型的自我設限來自「過度追求完美」。他們總覺得還不夠好，因此不願啟動、延遲交付、不敢曝光。明明能力充足，卻老是讓完美成為行動的敵人。他們的盲點是：成功從來不要求完美，而是需要進場。

第二型的限制在於「無法將自己放在第一順位」。他們總是優先滿足他人需求，導致資源與時間被過度消耗。即使有才華，也可能因過度配合而失去主場。他們的盲點是：你不是先愛人才能成功，而是要先讓自己處於有力的位置，才有餘裕愛人。

第三型的限制則來自「過度依賴外在認可」。他們非常在意成績與回饋，因此容易做出過度展示與迎合市場的決策，進而偏離本質。他們的盲點是：成功不該只建立在掌聲上，而應來自內在穩定。

第四型的限制來自「過度浪漫化挫折」。他們擅長感受，卻也因此容易陷入情緒低谷，將悲傷美化為藝術，進而遺忘目標。他們的盲點是：痛苦是創作材料，但不能取代行動。

第五型的限制則是「過度思考，行動延遲」。他們追求知識掌控，卻常因資訊尚未完整而拒絕出手。明明早已準備就緒，卻還在等「更完美的時機」。他們的盲點是：知識不是力量，實踐才是力量。

第六型的盲點則在於「信任焦慮」。他們懷疑外在環境與自身能力，總是在等待穩定、尋找肯定。他們的限制是：若不踏出信任的第一步，安全感永遠不會來。

第二節　對抗自我設限：找到你隱藏的成功盲點

　　第七型的問題則是「逃避痛苦與限制」。他們總想往快樂前進，卻因此無法聚焦，也不願面對風險。成功對他們來說，是種選擇困難。他們的盲點是：真正的自由，是從忍受不舒服開始。

　　第八型的限制是「過度控制」。他們強大、堅定、果敢，卻因不願脆弱而推開合作。他們的成功常因個人極限而停滯。盲點是：真正的力量，是勇於脫下盔甲。

　　第九型的問題則是「過度迴避衝突」。他們為求和諧，往往選擇沉默、退讓、觀望，讓潛力被動壓抑。他們的盲點是：選擇安靜不是錯，但不代表沒有聲音。

　　這些限制不是缺陷，而是性格自然的副作用。理解它們，就是你與自己和解、邁向下一階段成功的轉捩點。

3. 自我保護機制如何演變為自我設限

　　人類所有的行為背後，都隱含著保護機制。在九型人格中，每一型的限制行為其實都是為了「避免痛苦、保護自我形象」而形成的習慣。例如第五型之所以不行動，是因為怕自己知識不夠被否定；第一型之所以不交件，是因為怕出錯後羞愧難當；第六型之所以拖延選擇，是因為怕選錯會失去信任。

　　這些看似消極的行為，其實是一種求生本能。然而，問題在於：當你長期維持在這種自我防衛的模式中，你就會無法開創、無法跨越、無法成長。原本用來保護你的機制，變成了限制你行動的枷鎖。

　　心理學家卡爾·榮格曾說：「你抗拒的，會持續存在。」若你長期抗拒暴露自己不完美的一面，你就永遠無法體驗「即使我不完美，我依然可以被接受、被成功肯定」的真相。而這恰好是打破自我設限的核心：

你要去面對你從未允許自己面對的樣子,並在那個地方重新找到力量。

在現實生活中,我們可以觀察到許多人在關鍵時刻自我設限的例子:該投履歷的時候,拖延不寫;該開口提案的時候,推託給別人;該接受升遷挑戰的時候,反而選擇原地不動。這些選擇不是懶惰,而是深層的自我懷疑與保護慣性。你不敢,並不代表你不行,而是你的內在還沒準備好允許你「失敗後仍值得被愛」。

4. 看見限制背後的禮物:性格再設計的力量

如果我們只是將自我設限視為「缺點」或「病徵」,那麼我們的成長就會停留在矯正式努力上,也就是強迫自己去做「性格以外」的事,進而造成反彈與倦怠。但如果我們能從性格整合的角度來看待,就會發現:限制的背後,其實藏著某種「極度重要的禮物」,只待我們轉化。

第一型的完美主義,其實來自對品質的極致要求,若能練習「交付中學習」的心法,將能在不妥協價值的前提下,實現更大的產能;第四型的情感豐沛,其實是創意的泉源,若能在行動中穩定情緒,將能成為故事與內容創造的天才;第七型對自由的渴望,若能搭配紀律與深度,就能打造屬於自己的創業王國。

性格的限制之所以可貴,是因為它提醒你:你已經準備好進入下一層潛力區域。每一個你覺得「卡住」的地方,其實正是你最接近突破的邊界。而這份突破,不能靠逼迫,只能靠覺察、理解與策略性轉化。

真正的成功者,不是那些天生強大的人,而是那些知道如何轉化性格限制、將其升級為特質的人。他們懂得在失敗中找回行動,在猶豫中找到節奏,在恐懼中建立新選擇。這樣的人,無論在哪個人生階段,都有能力重新創造可能。

5. 建立覺察系統：讓限制成為前進的訊號

既然我們知道每一型都有其自然的自我設限機制，那麼最重要的，就是為自己建立一套覺察與轉化的流程。這不需要複雜的心理訓練，而是從三個步驟開始：看見、命名、設計。

第一，看見限制出現的時刻。你可以練習在日常中觀察「我為什麼沒行動？」「我現在是在逃避還是在準備？」例如一位第五型創業者，若發現自己又在無限研究競品而遲遲不啟動，就能停下來問：「我是真的需要更多資料，還是在害怕出錯？」

第二，命名這個限制的心理來源。給你的限制一個具體的名字與來源，例如：「我怕被批評，所以我不敢交作品」或「我想成為好人，所以我不敢說不」。當你能為限制命名，它就失去了控制你的力量。

第三，設計符合性格的替代策略。你不是要變成別人，而是找出「以你的性格，也能行動」的方式。你可以為自己設定「簡化型挑戰任務」，也可以設計「允許失敗的試驗場域」，甚至可以與他人建立「鼓勵回饋的結盟關係」。

當你不再與自己的限制對抗，而是開始與它對話，它就會從阻礙變成導航系統。每一份猶豫、退縮與焦慮，都是你性格給你的訊號，提醒你：有一個成功的可能性正在逼近，而你還沒準備好打開它。

所以，不要再問「我怎麼總是做不到」，而是開始問：「我在哪裡正用性格保護自己，而阻擋了新的機會？」當你學會拆解這份保護，你就會發現，真正限制你的從來不是環境、能力或他人，而是你從未認真問過的那句話：「我其實，願意讓自己成功嗎？」

第三節
性格補償心理學：你的缺陷也是你的武器

1. 看似缺陷，其實是性格的未開發資產

當人們談論個人成長與性格優化時，常不自覺地落入一種「改正錯誤」的思維模式，也就是將自己的缺點視為阻礙，進而試圖以意志力消除這些特質。這樣的思維背後其實隱含著一種「線性成功模型」的迷思：如果我夠完美，我就會成功。但心理學與真實世界早已證明，成功從來不是完美者的專利，而是能將缺陷轉化為資源的人，最終走得最遠。

在補償心理學中，阿德勒（Alfred Adler）提出的理論主張：「個體會因為感受到劣勢或缺陷，而產生補償的動能。」也就是說，我們不是因為「沒有缺點而成功」，而是因為「面對缺點時，選擇了建設性的轉化方式」才走向成功。這種補償機制，不是遮掩或否定弱點，而是讓性格中的不對稱，成為突破的契機。

舉例來說，一位天生社交能力弱的內向型個體，在求學階段可能因人際焦慮而備感挫折，但這種劣勢反而驅使他發展出強大的觀察力與文字表達能力，最終成為出色的作家或分析師。又如一位過於敏感的性格，可能在團隊合作中吃虧，但這份敏感性卻讓他能感知他人未說出口的需求，成為優秀的品牌顧問或談判者。

你的缺陷，不一定要被「克服」，它可以是你性格中尚未被啟發的潛能。補償心理學的核心，就是教我們看見這份潛藏於自我懷疑之下的能量，然後在對的位置上，讓它發揮出截然不同的意義。

第三節　性格補償心理學：你的缺陷也是你的武器

2. 九型人格中的「缺陷驅動力」

每一種人格都有其表面上的「盲點」，也就是我們在日常中容易批判或壓抑的性格特質。但如果我們從補償心理學的視角出發，就會發現，這些盲點其實是你通往專業、創新或影響力的起點。九型人格不僅揭示了這些「表面限制」，更提示我們如何以性格內部的動能轉化它們。

第一型的「挑剔」常被視為效率殺手，但這份完美傾向若被調整成系統性標準與責任感，就能轉化為領域中的品質守門員；第二型的「討好傾向」雖易讓人失焦，但若理解其本質是情緒洞察與關懷動力，則可轉化為高黏著度的顧客服務天才。

第三型的「形象主義」如果純粹為了虛榮，確實容易導致失衡，但若轉化為精準溝通與目標導向，則成為高效領導者的根基；第四型的「情緒波動」雖然讓人覺得不穩定，但正因為他們對內在世界的敏感，才成為無數創作者與藝術工作者的靈感之源。

第五型常被批評為「疏離、不合群」，但其深度研究與系統整合能力，正是 AI、工程、財務建模等領域最稀缺的人才特質；第六型的「焦慮與懷疑」若能轉化為風險敏感度與預警能力，在政策顧問、策略規劃與法務稽核等場域，反而能成為決策核心。

第七型的「三分鐘熱度」若學會建立成果輸出機制，就能將點子轉化為真正的產品與方案；第八型的「強勢主控」若能加入同理與授權，則是打造高績效團隊不可或缺的驅動者；第九型的「遲疑與回避衝突」若搭配傾聽力與整合性格，則能成為促進群體共識的調和者。

這些所謂的缺陷，若直接拿來與「社會標準」相比，的確可能顯得不夠「理想」；但一旦把這些特質放回適合的場景與需求裡，它們就會蛻變成不可取代的成功引擎。這，就是補償心理學所謂的「逆向優勢」。

3. 缺陷與使命之間，存在一條性格補償的通道

人生中最深刻的成長經驗，往往來自你如何與自己的缺陷共處。你曾因什麼被排擠、被否定、被貶低，往往也將成為你後來在人生中最堅定的價值所在。因為「被奪走過」，你才更懂得那份重要性；因為「曾經缺乏」，你才更願意用一生去實踐它。這就是性格補償的心理邏輯，也是許多成功者背後的隱性動力。

當我們觀察許多改變世界的人物，會發現他們幾乎都曾在某一面向經歷強烈的限制。戴森創辦人詹姆斯·戴森（James Dyson）在學生時期被視為不擅長計算與理論，但這份不合群驅使他以直覺與堅持改良吸塵器，最終改寫家電產業。歐普拉·溫芙蕾（Oprah Winfrey）童年遭受性侵與貧困，但她將創傷經驗轉化為對人性深刻的同理，最終成為全球最具影響力的女性之一。

這不是「苦難英雄論」，而是心理學上所謂的「補償性使命」（Compensatory Mission）：你的限制不是來讓你痛苦，而是讓你走向獨特貢獻的動力來源。那些你曾經以為是「自己的問題」，其實可能是世界交給你的一項任務──透過補償性格缺陷，你將創造出別人無法複製的價值。

若你曾因情緒敏感而在群體中受傷，也許你未來將成為引導他人走出情緒困境的療癒者；若你曾因遲疑與拖延錯失機會，也許你未來將設計一套幫助他人建立行動力的時間管理系統。這種從傷口生長出的天賦，不是理論能複製的，而是每一個人對自己生命痛點的深刻回應。

4. 成功不是克服性格，而是**擁抱補償潛力**

許多人成長過程中被教導「要修正性格」，例如內向者應該更外向、過敏感的人應該變得堅強、慢熟的人要學會快速反應。但事實是，真正

第三節　性格補償心理學：你的缺陷也是你的武器

成功的人，並不是把自己修得像大家一樣，而是發現自己「有什麼」，然後在對的系統裡，讓這份「有什麼」成為「別人沒有的」。

從補償心理學出發，這種策略並不意味著放縱缺陷，而是讓缺陷在有機制、有目的的情境中被使用。你可以是個懶散的七型，但你會設計一套高度自由的生產力系統，讓你在靈感來臨時迅速完成輸出；你可以是個焦慮的六型，但你透過建立資訊網絡與應變機制，讓你在變局中比任何人都更沉著冷靜。

這正是職場與創業場域中最具價值的能力之一──自我對位力。當你知道「自己的缺陷可以用在哪裡補位」，你就不會浪費能量去試圖變成別人，而是把所有焦點集中在優化自己的獨特成功路徑上。這不只是性格上的釋放，更是策略上的成熟。

在這個時代，標準化人才的價值已逐漸降低，市場需要的是能夠「用不對稱優勢創造價值」的人。而你性格中的缺陷，若經過補償性設計，就可能正是你職涯或創業中的關鍵差異點。這樣的你，才是真正不可取代的存在。

5. 啟動補償策略，讓性格開始說真話

若你想讓你的性格缺陷轉化為優勢，第一步不是否定它，而是讓它「說話」。也就是讓你願意面對它、承認它、甚至與它合作。補償不是自我否定，而是自我深化。你可以這樣開始：

首先，誠實盤點你最不喜歡自己的哪個性格特質。不要美化，也不要逃避，例如「我常常太拖延」、「我很怕出錯」、「我總是猶豫不決」。然後問問自己：「這個特質，曾經在哪些地方意外地幫助過我？」

第二，回想一次你曾經靠「這個弱點」做出某種好結果的經驗。或許

你的拖延讓你多思考了一層，才沒做錯決定；或許你的情緒過度反應讓你敏感察覺到一場職場風暴的前兆。這些經驗，就是補償潛力的證據。

第三，設計一個能夠讓這個缺陷變成武器的場景。例如：你知道你難以快速決策，那就設計一套「延遲但不逃避」的選擇流程；你知道你怕被批評，那就讓自己在安全的圈子裡先做一次「實驗性曝光」。

最後，不要忘記建立「補償夥伴系統」。補償的過程不必孤軍奮戰。讓你的團隊或親密夥伴知道你的限制，並邀請他們幫助你用這個限制創造力量。你的缺陷，不該是一道牆，而應該成為一扇門——只要你學會如何打開它。

第四節
九型人格與領導力：你會帶人還是靠人？

1. 領導力不是天賦，而是一種性格與自覺的交會

許多人以為「領導力」是一種與生俱來的特質，只有外向、有魅力、善表達的人才具備。但心理學與企業管理實務早已證明：領導力不只是天賦，更是一種結合性格、覺察與行為選擇的能力。正如同世界上沒有兩種完全相同的領導風格，也沒有哪一種性格絕對不適合領導，關鍵在於你是否了解自己，並知道如何在自己的性格路徑中找到「帶領他人」的方式。

在九型人格的世界裡，我們得以看見一個嶄新的領導地圖。每一型人，都有其天生的帶人方式與隱性靠人傾向。所謂「帶人」，不是你是否站在臺前，而是你是否能影響他人、賦能團隊、指引方向；而「靠人」，也不是負面的依賴，而是你是否將領導責任過度外包，將關鍵決策交給環境、組織或他人。

這一節我們不會簡單二分「你有領導力／你沒有領導力」，而是深入探討：你是哪一型的人？你傾向用什麼方式領導？你在哪些時候會自動「退出」領導角色？又該如何從自己的性格出發，打造屬於你風格的領導路線圖？

因為最終，真正有效的領導從來不是模仿別人，而是用你最自然的方式，讓別人願意跟隨你。

第二章　九型人格對話：成功潛意識的探索工具

2. 領導不是角色，而是性格的高度運用

若我們將領導者比作一部精密運作的機器，那麼九型人格就像是拆解其內部結構的藍圖。每一型人都有領導的潛質，但表現方式截然不同。例如第一型領導者往往是組織內的原則捍衛者，他們靠著對標準與道德的堅持，樹立公信力與一致性；而第二型則以關懷與支持創造歸屬感與凝聚力，他們是關係型領導的典範。

第三型的領導特質來自於成效導向與示範作用，他們擅長設下高標，自己帶頭衝鋒，團隊往往因「不想拖後腿」而主動追趕。第四型則以情感影響與文化塑造為主，他們的團隊往往重視理念、價值與創意流動，而不是純粹 KPI 績效。

第五型以知識領導，適合技術或學術型組織，他們以專業深度贏得信任，並擅長建構長期知識資產。第六型則在團隊中扮演風險評估者與結構穩定者的角色，他們常透過建構明確流程與安全感，讓成員能「放心」跟隨。

第七型則是靈感型與能量型領導，他們以熱情、創意與可能性激勵團隊前進，尤其在創新型企業與變動型專案中極具吸引力。第八型則是典型的權威型領導者，以果斷、行動與擔當建立威信，團隊若能適應其風格，往往能快速產出高強度績效。

第九型則是和平型領導，他們擅長包容多元觀點、化解衝突與促進團隊合作，常出現在 NGO、公部門或需要跨部門整合的環境中。他們用穩定與傾聽贏得影響力，而不是掌控。

從這些例子可知，領導力並非等於「站上臺」，而是「在你的性格核心中發展出影響他人的方式」。而理解自己在哪個維度強、在哪裡容易閃躲，就是性格自我領導的第一課。

3. 你是在帶領，還是在等待別人主導你？

若進一步探問，我們會發現許多外在看似主動的人，其實內在正悄悄「放棄領導權」。這種現象在職場與創業中十分常見：你表面上領導團隊，但決策總需要他人背書；你名義上是主管，但實際上依賴下屬回饋來確定方向；你以為自己在影響別人，其實只是被需求推著走。

這就是所謂的「隱性靠人」心理。它未必表現在明顯的依賴上，更多時候是一種在關鍵時刻的不確定、自我設限與角色退讓。而這種心理，在九型人格中各有表現：

第二型在需要衝突時往往退縮，因為害怕失去關係；第六型在需要開創時躊躇，因為害怕失去穩定；第四型在需要推動時抽離，因為覺得不被理解就沒必要努力。這些「靠人」不是因為懶，而是因為性格中的焦慮與需求被過度放大。

但也正因如此，我們可以從性格補償的策略切入，讓每一型人學會「怎麼從原來的位置起身」。第二型要練習的是設定界線與明確表達意見；第六型則要建立小規模的冒險場域，提升自我信任；第四型需要的是意識到情緒不是唯一的行動準則，理性規劃也能創造價值。

這些練習不會讓你變成另一型人，而是讓你從「跟著感覺走」轉為「帶著信念走」。當你開始問：「我能怎麼帶這個局，而不是等這個局怎麼推我走？」你的領導力就已經啟動了。

4. 領導力是一種情緒自控與結構輸出能力

除了影響他人之外，領導力最重要的能力之一是「處理自己」。你是否能在壓力下維持情緒穩定？你是否能在不確定中給出指引？你是否能在多元需求中做出平衡判斷？這些問題，都與性格中「面對混亂時的應對方式」息息相關。

例如第八型在壓力下傾向「過度掌控」，一旦情況失序，便以高壓管理維持秩序，但這反而會激化團隊壓力；第七型則傾向「逃避與快速切換」，可能在問題還沒釐清前就轉向下一個點子，造成執行斷裂；第一型則可能陷入「過度檢討與責備」，讓團隊氣氛緊繃，無法產生彈性。

這些反應看似領導問題，其實是性格的壓力表現。而補償策略的目的，就是讓性格在壓力下有「替代反應」。第八型可以透過共識討論與角色釋放建立授權習慣；第七型可以搭配行動記錄與專注練習培養耐性；第一型則需學習在未完成中交付，容許改進空間，而非追求第一次就完美。

此外，領導力也仰賴「結構輸出能力」，亦即是否能將理念轉化為流程、計畫與行動。這對第四型、第五型與第九型來說尤為重要，他們常有好想法，但不擅轉化為「可執行」的結構。透過設計週期、導入任務管理工具、設立回饋節點，這些型格也能將感性優勢轉化為實務戰力。

領導力的本質不是控制，而是創造條件。當你能夠處理好自己的性格反應，並建立支持他人發揮的環境，那麼你無需高聲呼喊，也會成為團隊中最有影響力的存在。

5. 找出你的領導節奏與補位策略

最後，我們要將九型人格的洞察轉化為具體策略，那就是：找出屬於你的領導節奏，並設計一套性格補位機制。這意味著，不是每個人都要成為激勵大師或戰術指揮官，而是你要找出「你最自然的帶人方式」，並找人或制度來補足你不擅長的那一塊。

若你是 ENFP 或第七型，你的節奏是激發與探索，你就要找一個能幫你整合與落實的夥伴（如 ISTJ 或第六型）；若你是 INTJ 或第五型，你

的節奏是規劃與推演,那就找一位能處理情感、穩定人心的第二型或第九型;若你是第二型或第四型,與第八型的行動者或第三型的達標者搭檔,會讓你更容易將情感轉化為推動力。

這種補位思維,不只是實用的管理技巧,更是性格與策略融合的展現。因為你不再企圖「什麼都自己來」,而是開始用「什麼是我最有價值的貢獻」來設計團隊與關係。這就是高層領導者與中層管理者最大的差別:前者用性格整合資源,後者用努力補償漏洞。

當你理解了自己的領導傾向與閃避慣性,你就能決定何時該上前、何時該退後、何時該邀請夥伴、何時該設計機制。這不是靠模仿來的,也不是靠強行複製別人的領導力模板來的,而是你與自己性格對話後產出的真實風格。

因為最有效的領導,不是讓別人聽你的話,而是讓別人因為「你活得像你自己」而相信他們也可以如此活著。

第五節
MBTI×九型：雙向辨識你的行為動力

1. 為什麼只用一種性格工具，無法全面看懂你？

在各種性格工具中，MBTI 與九型人格最常被用來作為自我了解與團隊合作的基礎語言。兩者皆源自心理學，卻來自截然不同的理論脈絡與觀察焦點。

MBTI 從榮格的心理功能理論出發，著重於你「怎麼看世界、怎麼做決定」的偏好方式，強調的是「認知結構」與「能量傾向」。它幫助你了解自己在資訊處理、溝通風格與行動模式上的穩定習慣。

而九型人格則聚焦於你「為什麼會這樣行動」的核心動機與恐懼。它根據人格的基本欲望與壓力來源，剖析你的驅動來源、情緒模式與壓力下的變形反應，是一套更關注內在欲望動力的系統。

簡單來說，MBTI 像是你的「心理操作系統」，而九型人格則像是你的「核心程式碼」。

用 MBTI 你會知道：「我怎麼做事？我傾向怎麼處理資訊？」

用九型人格你會理解：「我為什麼做這件事？我怕什麼？我要證明什麼？」

當你把這兩者結合起來，就像是同時拿到行為地圖與動機羅盤，你不只知道自己往哪裡走，還能知道為什麼會選那條路，又會在哪裡卡住。

第五節　MBTI×九型：雙向辨識你的行為動力

2. MBTI 給你「怎麼做事」的選擇結構，
九型人格告訴你「為什麼那樣做」

先從日常一個常見場景來說明這兩套工具的差異與互補。

想像你接下了一個陌生又高挑戰的專案，你選擇先觀察資料，整理過去案例，再與同事討論對策。這是一種偏向 MBTI 中的 I（內向）＋ J（計畫型）＋ T（邏輯）的模式 —— 你傾向謹慎、邏輯、規劃先行。

但這樣的行為背後，可能來自不同的九型人格動機：

- 若你是九型的 1 號（改革者）：你這樣做是因為你「怕做錯」，你想「做對的事」。
- 若你是 5 號（觀察者）：你是為了掌握足夠資訊，避免自己在知識上顯得無能。
- 若你是 6 號（忠誠者）：你希望團隊有安全感，不要輕舉妄動，因此偏好做風險控管。

外在行為可能類似，內在動力卻大相逕庭。這也解釋了為什麼你明明是相同 MBTI 的人，卻可能在關鍵情境中做出完全不同的抉擇與情緒反應 —— 因為你們的九型「主驅動源」不同。

MBTI 解釋你在沒有壓力下的「慣性選擇」，九型人格則補足你在壓力下的「恐懼性反應」與「動機補償」機制。

兩者結合後，你可以回答三個關鍵問題：

- 我平常怎麼處理資訊與行動？（MBTI）
- 我內心真正渴望什麼、逃避什麼？（九型）
- 我怎麼在壓力下歪掉？我要怎麼恢復本能路徑？（九型＋ MBTI 交叉）

3. 對應關係不是硬配，而是辨識你的「行為風格 × 動機核心」

許多性格理論使用者最常誤解的，就是「請問 INFJ 一定是九型幾號？」這其實是一種錯誤的單向對應想像。因為 MBTI 與九型人格的焦點不同，導致同一 MBTI 類型可能對應多個九型動機，反之亦然。

我們更推薦的是將兩者視為「橫軸與縱軸」的關係：MBTI 橫向劃分出你偏好的行為風格，而九型人格縱向切入你潛在的行動動機。

以下是幾種常見的跨系統組合範例與解析：

INFJ×4 號（藝術型）

行為風格：溫和、有洞察力、習慣深度觀察與規劃；

動機來源：渴望與眾不同、被理解，害怕庸俗與失去存在感；

可能的偏誤：過度內省、自我批判、陷入創作焦慮與孤獨感。

ENTP×7 號（活躍型）

行為風格：快速切換、創意爆棚、熱衷探索與新刺激；

動機來源：逃避痛苦與無聊，追求快樂與選擇自由；

可能的偏誤：無法長期堅持、輕忽情緒處理、行動分散無聚焦。

ISTJ×6 號（忠誠型）

行為風格：組織力強、重視流程與責任、信守承諾；

動機來源：渴望安全與穩定，擔憂未來出錯或被孤立；

可能的偏誤：過度依賴體制、不敢冒險、內心持續高張警戒。

第五節　MBTI×九型：雙向辨識你的行為動力

ENFJ×2號（助人型）

　　行為風格：外向親切、善於人際連結、天生領袖特質；

　　動機來源：渴望被需要與被愛，從幫助中尋找自我價值；

　　可能的偏誤：過度犧牲自我、壓抑情緒、難以設立人際界線。

　　這種對應關係不是標籤，而是一種人格的交叉閱讀方式，幫助你從兩條心理路徑看見一件事：我為什麼會這樣習慣行動？又為什麼當我卡住時，會進入這種反應循環？

4. 行為動力矩陣：建立你個人的性格雷達圖

　　為了讓MBTI與九型的整合更具體可用，你可以建立屬於自己的「行為動力矩陣圖」，這是一張將行為方式與動機來源交叉配置的分析框架，有助於你釐清四個心理面向：

心理模組	描述方向	具體問題	工具來源
認知傾向	我如何處理資訊、做決策？	我偏向直覺還是實感？喜歡分析還是情感？	MBTI
行動習慣	我慣性用什麼節奏面對世界？	我喜歡規劃還是即興？安靜還是外放？	MBTI
行為動機	我為什麼要做這件事？	我想避免什麼？我想證明什麼？	九型人格
壓力反應	我在壓力下如何失衡？	當我焦慮時，我的行動有什麼偏差？	九型人格

　　完成這張矩陣後，你可以觀察自己是否：

■　平時選擇行動的方式與深層動機一致？

■　在壓力狀態下是否容易從MBTI的慣性「跳格」，進入九型的防衛模式？

■　有沒有哪一區「盲點」尚未被充分覺察與管理？

這張圖，會像你的性格雷達圖，提醒你不是每一種反應都值得強化，有些，是可以選擇放下的習慣。

5. 懂了自己之後，才能真的設計人生與合作模式

心理工具的最終目的，不是讓你貼更多標籤，而是幫助你設計更精準的人生策略與人際合作模式。

當你能夠雙向辨識自己的行為風格與動機源頭，你會在以下三個面向產生根本轉變：

- **自我導航更清楚**：不再陷入「我是不是不夠好」的無限輪迴，而能清楚區分「這只是我的偏好系統」與「我正在補足的成長路徑」。
- **人際合作更智慧**：面對不同 MBTI 與九型人格同事，你能預測對方可能的溝通慣性與反應模式，進而設計最適切的合作語言與任務配置。
- **壓力管理更有效**：當你知道自己在壓力下會啟動什麼樣的九型防衛，你就能事先設計自我提醒機制，或讓團隊夥伴協助你調整方向。

這種交叉式的性格覺察，不只是讓你更了解自己而已，更是為你未來每一次轉彎、每一次決策與每一次選擇打下穩定的心理底盤。

你不需要改變成別人期待的樣子，你只需要看懂自己如何運作、為何驅動、在何處卡住，又該如何疏通。

這就是雙向性格理解的真正價值：讓你不再是被性格驅動，而是開始用性格驅動人生。

第三章

行動的力量：從性格驅動到成果複利

第三章　行動的力量：從性格驅動到成果複利

第一節
你的動力核心從哪來？
MBTI 與成就驅力的深度對位

1. 動力不只是意志，而是性格與渴望的連結

當我們談到成功、達成目標與高成就者時，往往會用「有沒有動力」來區分。但什麼是動力？它是來自外部壓力還是內在渴望？來自競爭還是信念？心理學研究顯示，真正持久的動機往往不是靠獎懲驅動的外在動力（extrinsic motivation），而是來自與自我認同一致的內在驅動力（intrinsic motivation）。

根據德希與萊恩（Deci & Ryan）的自我決定理論（Self-Determination Theory），人們會為三個基本心理需求而持續行動：自主、自我效能與連結。而這三項驅力，不只是抽象的心理概念，它們會根據個人的性格類型，有完全不同的啟動方式與持續節奏。這也正是為什麼，同樣的環境下，有人能持之以恆，有人卻早早放棄；有人因讚美充滿動力，有人則因被誤解而瞬間熄火。

MBTI 十六型人格，作為目前全球最廣為使用的性格分析架構，不僅能幫助我們理解「你是誰」，更能揭示「什麼讓你持續投入」。動力不是一種抽象能量，而是一種與性格偏好深度共振的行動源頭。當你找到自己的動力核心，你將不再靠意志力逼自己前進，而是靠「性格的本能渴望」推動自己自然地成就更多。

第一節　你的動力核心從哪來？MBTI與成就驅力的深度對位

2. 外向與內向：動力的燃料從哪裡來？

在 MBTI 的四個向度中，最能影響個體「啟動動力來源」的，是第一對維度：外向（Extraversion）與內向（Introversion）。外向型的人從外部世界獲得能量，他們的動力多半來自互動、挑戰、回饋與行動的流動；而內向型的人則透過內在思考與反省汲取能量，他們的動力源頭更傾向於內在整合、自我進化與目標意義的深刻連結。

以外向型的 ENFP 為例，他們在與人討論、腦力激盪與探索新事物的過程中動力十足。只要有新想法、值得冒險的機會與開放的空間，他們便能自我激發行動熱情。而對於內向型的 INFJ 來說，動力則來自「靜下來想清楚」以及「相信自己所做之事對世界有意義」。一個需要的是動態刺激，一個需要的是內部沉澱。

這兩種動力來源會影響他們的工作節奏與目標維持方式。外向者可能在一開始爆發力十足，但中期若無外部支持與變化性，容易陷入倦怠；內向者則可能起步緩慢，但一旦理清意義與價值，就能長期穩定前進。因此，若你是外向型，你的動力策略可能是「與人共創、定期分享、行動回饋」；而若你是內向型，則應設計「安靜思考空間、價值確認機制、自我對話系統」。

真正聰明的動力管理，不是努力「變成另一型人」，而是理解你是哪一型，然後打造能與你性格節奏共鳴的行動節拍器。

3. 判斷與知覺：你靠結構驅動還是靠靈感驅動？

動力來源的第二個關鍵，是你在行動與目標上的「節奏偏好」──也就是 MBTI 中的「判斷（Judging）」與「知覺（Perceiving）」之分。這一維度決定了你是靠結構驅動，還是靠彈性推進。判斷型的人需要清單、

第三章　行動的力量：從性格驅動到成果複利

期限、結構與決策來啟動與維持動力；而知覺型的人則傾向自由、選項、靈感與空間感，過度限制會消耗他們的行動欲望。

例如：INTJ 通常設定清楚的目標、設計完成時間線，藉此將行動轉化為計畫，進而產生掌控感與進度感。他們的成就驅力來自「讓未來清晰且可掌握」。相對地，INFP 則較傾向以情感波動與內在靈感來驅動前進，他們需要感受到行動的當下是「對的」、「有感覺的」，否則再清楚的目標也無法推動行為。

這也讓兩型人在目標設定時出現巨大差異：J 型者可能從年初就規劃好每月 KPI，P 型者則可能直到最後一週才啟動爆衝，卻也能在短時間內發揮極大創造力。這兩者沒有高下之分，只有適配之別。

你若是判斷型，請給自己明確的目標量化與時間界線，並設計進度檢查點來維持內在驅動；你若是知覺型，請允許自己擁有一段混亂的探索期，同時為自己建立「靈感湧現時立即記錄與行動」的快速轉換機制。

理解你是以何種節奏與結構感建立動力，是你從短期爆發邁向長期穩定的轉捩點。

4. 思考與情感：成就動力是來自邏輯還是價值？

在許多成功人士的故事中，我們會看到兩種截然不同的行動邏輯：一種是「因為這個方法最有效」而行動，另一種則是「因為這件事對我有意義」而投入。這兩種動機，恰好對應 MBTI 中「思考（Thinking）」與「情感（Feeling）」這一維度的分野。

思考型的人重視結果導向與邏輯合理性，對他們而言，若一件事沒有實際效益或策略意義，再有熱情也不值得投入。他們的成就驅力來自「做對的事，以對的方法」。例如：ESTJ 或 ENTJ 型的人在規劃目標時，

第一節　你的動力核心從哪來？ MBTI 與成就驅力的深度對位

往往會採用績效化管理與策略性拆解，以明確的任務驅動行動。情緒過程對他們而言是可以暫時擱置的，甚至會視情緒為干擾。

而情感型的人則以關係、價值與人際意義作為主要動力來源。對他們而言，「對我來說有沒有價值感與共鳴」才是推進的關鍵。他們不一定追求效率，但會追求一致性與真誠性。ENFJ 或 ISFP 型的人可能會因為想要幫助他人、實踐理念或推動社會改變而主動投入高強度工作，即使過程艱辛也甘之如飴。

這兩種動力模式若未被理解與尊重，會導致誤解與內耗。例如：F 型人在企業中若被長期要求用數據驗證價值，可能會逐漸失去熱情；T 型人若長期被要求「感受與人同行」，反而會對行動目標感到模糊與無力。

動力管理的本質，就是要讓你的行動邏輯與價值邏輯彼此協調。你是以效率為燃料，還是以共鳴為燃料？當你明白這一點，你就可以設計出讓自己「甘願且長期」持續投入的動力引擎。

5. 找到你性格中的「點火開關」：打造屬於你的持久動力模型

最終，我們必須將上述性格驅動特質整合起來，打造屬於自己可複製、可預測、可調節的動力模型。這個模型不是他人的清晨儀式或名人成功學複製品，而是你性格本質的展現。

首先，請思考：你是從哪裡獲得能量的？外向者請創造共創空間，內向者請打造安靜反思區。其次，請辨認你的節奏型態：J 型者要預排節點與節奏感，P 型者則要保留彈性與選項。接著，確認你的行動驅力邏輯：T 型者請設計可量化的成果預測系統，F 型者則請建立價值認同與意義回饋機制。

然後，在你性格最弱的驅動面向上，加入「補償配件」：外向者請定

063

第三章　行動的力量：從性格驅動到成果複利

期留白、避免過度外求；內向者請強化輸出頻率，避免內耗。J型者需允許過程中出現變數與失控，P型者則要設定最低進度底線。T型者練習「感受」，F型者強化「界線」。

這樣的動力系統，就像為性格打造一組精密的齒輪機構。每一次你啟動行動的那一刻，不再依賴突如其來的情緒，而是性格節奏已經為你備好推進力。動力，不再是一場賽跑，而是你與自己走向一致的旅程。

因為你終於明白，真正的成就，不是「逼自己完成」，而是「成為那個會自然完成這些事的人」。

第二節
爆發力與續航力：你是短跑型還是馬拉松型？

1. 成就節奏，決定了你會如何完成人生中的每一場仗

在職涯發展、創業實踐或長期目標的追求中，「誰能走得久」比「誰先衝出起跑線」更重要。現代社會對高效率的追求常導致人們過度重視爆發力，也就是那種能夠在短時間內完成大量任務、做出驚人成果的能力。然而，當你將目標拉長至一年、五年、十年，真正區分出成功與半途而廢者的關鍵，就在於「行動節奏是否與性格匹配」。

行動節奏並非意志強弱的表現，而是性格驅動結構的自然表現。心理學上將這種差異視為「動機啟動方式」與「動作維持傾向」的交互結果。你可能是那種一旦目標出現便全力以赴、短時間內產出驚人成果的短跑型（sprinter），也可能是那種習慣慢熱、但一旦啟動就能持續穩定輸出的馬拉松型（marathoner）。

這兩種節奏沒有高下之分，而是需要不同的管理策略與節點設計。問題不在於你是什麼類型，而在於你是否理解自己的節奏，並以此規劃任務、設定期限、組合資源。如果你是短跑型卻用馬拉松的規則要求自己，可能會感到失落與拖延；反之，馬拉松型若被要求長期維持短跑爆發，也會逐漸精疲力竭、失去動力。

認識自己的節奏，才能在對的時間，用對的力氣，跑出屬於你的成功路徑。

第三章　行動的力量：從性格驅動到成果複利

2. 短跑型性格：如何掌握爆發的起跑點？

短跑型的性格類型，往往具備強烈的行動傾向與即時成就感驅動。他們一旦被點燃，行動起來如箭在弦上，不僅速度快、表現強，還能短時間內影響他人、啟動團隊氛圍。在 MBTI 中，這類特質多見於外向型（E）、知覺型（P）與直覺型（N）組合，如 ENFP、ENTP、ESFP 等。

這類型的人常見行為特徵包括：喜歡新的任務、容易對未知產生熱情、初期推動力強、善於整合資源與人脈。但他們的難題在於：「如何保持動能延續？」因為爆發力高的另一面，往往就是續航困難、熱情易耗、追求刺激導致的計畫跳躍與行動中斷。

心理學家愛德華·霍爾（Edward Hall）曾提出「高情境與低情境行為模式」概念，短跑型的人傾向高情境依賴──也就是說，他們更需要外在刺激、事件變化與即時回饋來激發行動動能。一旦任務變得單調、時間線變長或回饋變慢，他們便容易失去方向感，甚至逃離原先的目標。

因此，短跑型者若要維持長期成果，需要設計以下策略：

- 將長期目標切割成小任務，以短週期（如週為單位）設置里程碑；
- 與他人共同行動，創造群體動力（如共修、工作坊、挑戰計畫）；
- 為自己創造「新鮮感補給」，例如變換工作場景、引入新元素；
- 建立「結束感回饋系統」，每完成一段即進行獎勵或記錄。

短跑型的優勢在於「快啟動、高強度」，但唯有透過系統化的推進節奏，他們才能讓短跑變成接力，而不是跑一場就倒下。最重要的是，他們要理解：穩定也是一種創造，不是熱情消失，而是節奏轉換。

3. 馬拉松型性格：穩定推進才是關鍵力量

　　相對於短跑型，馬拉松型的個體擅長長期投入與穩定產出。他們不見得能在一開始就迅速上手或展現爆發力，但一旦進入狀態，就能維持極高的專注與持續行動。MBTI 中常見於內向型 (I)、判斷型 (J) 與感覺型 (S) 組合，如 ISTJ、ISFJ、INFJ 等。

　　這類型的人最大的優勢，在於「承諾感與紀律性」。他們不輕易承諾，但一旦下定決心，便會以極強的自我管理能力與責任感走到最後。他們善於安排進度、預判風險、建立節奏，並在長期回報的任務中表現優異。

　　馬拉松型者在心理結構上傾向於內在效能感維持，他們不需大量外部刺激，也不追求即時掌聲，而是從任務本身的完成感與價值意義中獲得動力。但他們常見的挑戰是「啟動慢、初期猶豫、怕開始」。

　　這種遲疑感來自對失敗或資源浪費的高度警覺。他們不喜歡沒準備就動手，也害怕衝動決策後帶來的不確定性。因此他們需要的，不是激勵，而是「讓自己放心啟動」的安全感與清晰結構。

　　適合馬拉松型的策略包括：

- 在行動前建立儀式感與準備區域，給自己「心安」的起點；
- 不必強求高爆發，可用低強度起步、逐漸累積信心；
- 利用進度記錄與週期反思，鞏固自我效能與行動節奏；
- 建立「過程導向」的回饋系統，不只看結果，而強化「我正在前進」。

　　馬拉松型不擅快速表現，但他們的力量在於：再長的距離，只要穩定走下去，最終都會到達。他們不是明星選手，但常是賽場上最後站著的人。

第三章　行動的力量：從性格驅動到成果複利

4. 中間型與混合型：設計屬於你的節奏變奏曲

現實中，大多數人並非純粹短跑型或馬拉松型，而是在不同情境中展現不同節奏。例如：你在創意專案中如短跑型一般快思快行，但在財務或日常任務中又像馬拉松型一樣重紀律、重系統；或是你在個人任務上行動力高，但一進團隊工作就開始拖延。

這些「混合型」的表現，其實更需要高覺察力來管理行動。你需要問的問題是：「我在哪些任務上表現像短跑型？在什麼環境下像馬拉松型？這些節奏之間的落差，能否轉化成我的優勢？」

這裡我們可以借用行為設計的觀念，為自己建構一個「節奏變奏曲」的模式：

- 高度創新或不確定性高的任務，採用短期衝刺＋快速調整模式；
- 重複性、需要深入累積的任務，採用長期規劃＋進度追蹤模式；
- 利用番茄鐘（Pomodoro）、90分鐘工作法等工具切換節奏；
- 給自己建立「節奏儀式」，例如晨間規劃、週末檢討、每月挑戰；
- 為每類任務指定「行動型態」，而非用同一種節奏應對所有挑戰。

唯有意識到自己在哪些節奏中最自然、最有效，並學會為不同任務分配不同的節奏策略，你才能真正建立一套可長可短、進可攻退可守的高效行動系統。

5. 用性格優勢設計你的成果節奏

最終，我們必須將短跑與馬拉松這兩種模式，轉化為「成果節奏設計」的一部分。這不是要你選邊站，而是讓你在性格中找到推進的節點與緩衝的節奏，進而打造一個既符合性格又能持續產出的成功循環。

第二節　爆發力與續航力：你是短跑型還是馬拉松型？

首先，請認識你自己：你是否容易被新想法吸引？你是否擅長堅持到底？你是否需要人陪？你是否怕被看見失敗？這些問題的答案，會直接決定你適合用什麼樣的節奏去推進目標。

然後，請明確三件事：

- 你最擅長在什麼情境下開始行動？（啟動點）
- 你在什麼階段最容易中斷？（脆弱點）
- 你需要什麼方式才能重新恢復？（重啟點）

這三個節點，是每一位高效行動者都該設計的個人節奏模組。當你可以快速啟動、預判中斷並設計恢復流程時，你的成果就會呈現「可預期的穩定」，而不是偶發的高光。

因為最終，真正的行動力，不是靠情緒來的，也不是靠逼迫自己而來的，而是來自你深刻理解自己的性格，並在對的節奏裡，讓自己用對的方式走完對的那條路。

第三章　行動的力量：從性格驅動到成果複利

第三節
動力崩潰的時候怎麼辦？破解性格型倦怠陷阱

1. 動力不是永動機，誰都會「熄火」

在現代社會強調效率與持續產出的環境下，動力被視為衡量個人能力與價值的指標之一。我們讚賞「一直都很努力的人」，崇拜「永不倦怠的創業家」，以至於當自己感到提不起勁、拖延、甚至抗拒行動時，便容易將這些狀態歸咎為「我是不是不夠好」。

但心理學研究早已指出：倦怠（burnout）是每個人都可能經歷的狀態，而且這種狀態與性格特質高度相關。哈佛醫學院的情緒與神經研究顯示，動力崩潰的本質不在於「做太多事」，而在於「長期違背內在節奏與價值的行動模式」，這會讓心理資源迅速耗盡，進而引發生理疲勞、情緒麻木與目標遺忘。

簡單來說，倦怠不是懶惰的表現，而是你的性格在提醒你：「你正在違反自己的行動邏輯」。這也是為什麼同樣的任務，有些人做得起勁，有些人卻快速耗盡；同樣的節奏，有些人愈做愈順，有些人卻愈做愈累。

當我們能從性格出發理解倦怠，就能放下對自己的指責，開始以修復與優化的視角，重新建立與動力的關係。因為動力，不是靠逼自己撐下去而來，而是靠理解什麼讓自己自動啟動。

2. 不同性格，倦怠來源完全不同

倦怠的成因並非只有壓力過大或睡眠不足這麼簡單。從性格心理學的觀點來看，每個 MBTI 類型其實都有其專屬的「能量洩漏區」，也

第三節　動力崩潰的時候怎麼辦？破解性格型倦怠陷阱

是說，不同的人在面對相同工作時，會因為性格需求無法被滿足而感到耗竭。

舉例來說，外向型（E）的人一旦被迫長期獨立作業、缺乏互動與即時回饋，就會迅速失去動力，他們不是累，而是「覺得沒人在乎」；而內向型（I）的人則相反，若持續暴露在高密度社交場域，無法擁有屬於自己的安靜空間，就會出現注意力渙散與逃避傾向。

判斷型（J）的人倦怠的來源常在於「進度混亂」與「無法控制計畫進展」的挫敗感。他們無法容忍無止盡的變動與模糊，一旦預期落空，會讓內心的秩序感崩解。而知覺型（P）的人則相反，他們在高度固定、重複且缺乏彈性的工作節奏中最容易感到壓抑與無趣，即使任務本身不重，也會因「自由被剝奪」而感到極度疲憊。

再以思考型（T）與情感型（F）為例，T 型的人容易對「無效溝通」、「情緒化互動」感到焦躁，他們渴望邏輯與效率，一旦陷入人際模糊地帶，就會心力交瘁。而 F 型的人則在「價值無法被實現」、「工作無意義」時感到崩潰，即使被給予高薪或高權力，只要失去共鳴感，他們的動力也會迅速枯竭。

這些差異證明了一點：倦怠不是數量的問題，而是品質的問題。你不是做太多事，而是做了太多「不屬於你的方式的事」。當你忽視自己的性格需求在任務中是否被滿足時，你就在不知不覺中加速自己耗盡的速度。

3. 四種常見性格型倦怠模式

我們可以將 MBTI 十六型在倦怠表現上歸納為四種常見類型，並分別理解其心理動因與修復策略。

第三章　行動的力量：從性格驅動到成果複利

第一型：「高能低效型倦怠」──常見於外向＋知覺（EP）類型。這類人一開始極具熱情與想法，但任務進行中因缺乏結構與後勤支持，導致熱情被現實消耗。其倦怠來源是「開始容易，完成困難」，修復方法則需引入流程設計與同伴共創，提升進度感。

第二型：「沉默過載型倦怠」──多見於內向＋判斷（IJ）類型。他們做事謹慎、專注力強，但往往長期承受壓力不表達，導致心理資源默默枯竭。這類人需重建輸出通道，例如定期自我書寫、與信任對象交流，釋放內在壓力。

第三型：「邏輯斷裂型倦怠」──思考型（T）個體容易在團隊合作或無效率溝通中感到筋疲力盡。當任務缺乏明確流程與標準，他們會因感覺無法優化流程而陷入冷漠與抽離。重點在於重新建立任務優先序與策略性節奏。

第四型：「情感消耗型倦怠」──多見於情感型（F），尤其是 ENFJ、INFP 等。他們擅長付出，但若回饋不成正比或價值觀長期受挫，便容易感到「再努力也沒意義」。這類人需透過價值確認儀式、意義回顧等方法回補情感池。

這些模式提醒我們：你不是失去了熱情，而是你的性格正在喊停。它不會說話，但它會透過拖延、分心、抗拒、冷感等方式告訴你：「現在的做法，不適合我。」

4. 動力修復的「性格回補法」

當你意識到自己的倦怠與性格有關，下一步要做的不是「硬撐下去」，而是啟動一種「性格回補策略」，也就是讓你受傷的那個性格需求被再次照顧與支持。這不是放縱自己，而是為了讓你恢復戰鬥狀態。

第三節　動力崩潰的時候怎麼辦？破解性格型倦怠陷阱

對外向者來說，回補的關鍵在於「高互動＋高輸出」：找一個人一起完成任務、組織分享活動、參加工作坊，或是在社群裡公開進度。他們需要的不是休息，而是感受到自己仍在被看見與認同。

內向者則相反，他們回補的方法是「關門自處＋低干擾」：可以是一段獨處的寫作、閱讀、整理思緒的時間，也可以是無人打擾的山林行走。他們要從資訊洪流中退出，重新找回節奏與界線。

判斷型的人需要重新建立「可控性」：將混亂任務重新拆解、制定可達成的週計畫、刪減沒必要的會議與雜務。他們的動力來自秩序感，一旦任務被掌握，心理能量便會回升。

知覺型者則需要「彈性與驚喜」：給自己幾天不安排行程的時間、換個新工作場域、開發一個無關績效的小專案。他們需要新鮮感與選擇權，才能重新對任務產生感覺。

對思考型的人而言，回補來自「策略重組」與「效率提升」的實感；而情感型者的修復，則必須從「情緒抒發」與「價值重建」開始──寫下這件事為什麼重要、自己還在為誰努力、這件事與人生願景有什麼關聯。

性格回補法的本質，是讓你從「我不能做下去」轉變為「我願意再走一段」，這就是動力修復的起點。

5. 倦怠不是失敗，而是通往成熟行動力的入口

當我們理解倦怠是一種來自性格失衡的訊號，我們就不再需要將它視為軟弱、逃避或退縮的表現。事實上，所有長期高產者都必須面對倦怠，差別只在於他們是否知道如何與倦怠共處、修復與再出發。

回到自我理解的核心，MBTI 或任何性格工具的價值，不是為了貼

標籤，而是為了讓我們知道：「我是怎麼耗損的，我該怎麼補充。」當你懂得回補，你就不會再把自己逼到極限再重來，而是懂得在耗損邊緣調整節奏，提早修復，持續前行。

所以，下次當你覺得「我怎麼突然做不動了」、「我是不是沒熱情了」、「我會不會根本不適合這條路」時，請不要立刻懷疑自己，而是退一步問：「我是不是太久沒照顧我這個性格了？」

當你願意為自己重建動力的土壤，不是只靠意志硬撐，而是從理解出發，你會發現：真正成熟的行動力，不是永遠不熄火，而是懂得熄燈、懂得充電、懂得再點燃。

因為你終於明白，倦怠不是終點，而是轉彎前最誠實的提示牌。

第四節
情緒管理與壓力轉化：心理能量決定執行力

1. 執行力不是紀律的問題，而是心理能量的分配問題

我們常以為，一個人能否如期完成任務、持續前進、突破困境，靠的是「自律」與「毅力」。但當我們從實際人生觀察，會發現真正能長期穩定產出的人，不一定是最嚴格自律的人，而是那些懂得「如何管理情緒、轉化壓力」的人。

執行力的背後，是一種心理能量的流動模式。你當然可以在短期內靠意志力硬撐，但長期若情緒無法疏通、壓力不斷堆積，即使再有目標感，也會逐漸疲乏、甚至自我懷疑。

根據情緒心理學家芭芭拉・弗雷德里克森（Barbara Fredrickson）的「擴展與建構理論」（Broaden-and-Build Theory），正向情緒會擴展我們的認知與行動資源，讓人更有創造力與包容力；而負面情緒則會收縮注意力與行動空間，使人更容易聚焦在危機與防衛，導致思路狹窄與行動癱瘓。

執行力不只是做事的能力，更是維持「做事的心理狀態」的能力。換句話說，真正的執行力高手，不是永遠充滿幹勁的人，而是即使情緒低落，也知道如何安置自己、重整能量、重新起步的人。

2. 不同性格在壓力下的反應：你是哪種心理能量漏電型？

壓力的來源與反應，在不同 MBTI 性格中有顯著差異。了解自己在壓力下的性格反應模式，是進行情緒與能量管理的第一步。

第三章　行動的力量：從性格驅動到成果複利

外向型（E）在壓力下最容易表現出「過度互動」與「能量外漏」的傾向。他們會尋求更多社交、更多行動來轉移注意力，但這種方式如果沒有真正解決內部焦慮，反而會加速心理耗損。相反地，內向型（I）則會「過度內縮」，他們面對壓力時傾向於沉默、逃避、不說，試圖用孤立感消化壓力，但這常導致情緒悶燒與無法獲得支持。

判斷型（J）在壓力下會強化控制傾向，一旦計畫脫序，他們可能陷入過度整理、過度規劃，甚至反覆修正進度表，只為維持表面秩序；而知覺型（P）則容易進入逃避與拖延的壓力模式，任務不做、日程不排、藉口頻出，其實是在保護自己不被失敗感擊倒。

思考型（T）在壓力下的表現通常是情緒切斷，試圖用理性維持表面功能，但實際上內部可能早已焦躁不安；而情感型（F）則容易陷入情緒放大，壓力來時過度共感、自我責備，甚至因別人的情緒而瓦解自己。

這些壓力反應模式，不是缺陷，而是每種性格的「自我保護系統」。但若你長期不覺察，就會讓這套系統變成消耗系統。管理情緒與壓力，首要工作就是：看見你的自我保護正在怎麼耗損你自己。

3. 壓力不是敵人，轉化才是關鍵

壓力並非完全負面。事實上，壓力是心理能量的啟動信號之一。根據漢斯・賽利（Hans Selye）的壓力理論，壓力分為「好壓力」（eustress）與「壞壓力」（distress）。好壓力可以激發動力、促進學習與創造行動力；壞壓力則會讓人陷入焦慮、拖延、情緒崩潰。

差別在哪裡？在於是否能掌握壓力的意義與出口。對 J 型人來說，若能將壓力具體化為可執行的任務表與時間規劃，那麼壓力就會轉化為動力；但若只是無序堆疊壓力源，他們反而會更慌。對 P 型人而言，若

第四節　情緒管理與壓力轉化：心理能量決定執行力

能給壓力一個創意性出口，如設計專案挑戰、變換形式，他們會產生流動感與玩樂感，從而重新找回控制權。

另外，外向者可透過「言語化轉化」來釋放壓力，與人討論、即時輸出能夠幫助釐清情緒；內向者則偏好「書寫與內觀」，透過日誌、冥想、步行來內化與重新調整情緒流程。

在組織環境中也常見性格型壓力轉化的差異：T型領導者可能在危機時強化數據與邏輯輸出，卻忽略團隊情緒需求；F型成員則可能在專案變動中焦慮失控，若沒有情感性支持與鼓勵便難以穩定。這時，若團隊能依據性格設計「壓力支持策略」，整體執行品質與效率將大幅提升。

轉化壓力的核心，是將其變成「推力」而非「牽絆」。你不能消滅壓力，但你可以設計它成為你成功系統中的一環。

4. 情緒如何決定執行品質：從情緒規律看行動曲線

在執行任務的過程中，情緒狀態與完成品質之間有著極強的正相關。根據美國正向心理學協會的研究指出，人在「情緒擴展期」（emotional expansion）內產出的成果，不僅效率高、品質好，且更容易促成團隊間的正向循環；而處於「情緒壓縮期」（emotional contraction）時，則易出現拖延、逃避與自我否定。

這與行為經濟學中的「情緒預算理論」也有共鳴：每一項行動所需的不只是時間與能力，還包含一份「心理情緒的儲備」。若前一段時間處於高耗損狀態，即使任務看似簡單，也可能因「預算不足」而做不起來。

而情緒狀態的核心來自於「情緒感知力」與「情緒處理力」。前者是你能否覺察自己正在進入哪一種情緒狀態（例如焦躁、低落、期待、興奮）；後者則是你能否設計一種行動或環境來讓這個情緒被代謝。

MBTI 性格模型在這裡的應用方式如下：

- F 型者需提升「情緒分辨力」，學會從感受中辨別「是恐懼還是疲累？是害怕還是無聊？」
- T 型者需提升「情緒回應力」，允許自己在必要時表達需求，不把情緒當成不理性的敵人。
- I 型者要避免「情緒壓縮爆炸」，練習用非暴露性的方式釋放情緒壓力（如寫下來、畫圖、身體運動）。
- E 型者則需提防「情緒擴張耗竭」，學會在社交與表現後保留能量，避免燃盡效應（burnout effect）。

你不是情緒化，你是有情緒的行動者。唯有理解情緒的規律，你才能將它設計為執行的加速器，而不是拖延的藉口。

5. 建立屬於你的情緒與壓力轉化儀式

真正高效的人，並非情緒無波，而是擁有一套「可以在情緒來臨時自我安頓、壓力升高時自我轉化」的儀式系統。這個儀式不必浮誇，它可能只是每日早晨十五分鐘的書寫、每週一次的進度整理與冥想，或每完成一段任務後的輕鬆散步與音樂陪伴。

你可以根據自己的性格設計這套系統：

- E 型者：加入「與人共振」元素，例如結伴共修、定期輸出、錄語音記錄。
- I 型者：設計「靜態恢復區」與「專屬空間」，確保每日有一段關機時段。

第四節　情緒管理與壓力轉化：心理能量決定執行力

■ J 型者：使用週計畫與進度看板來強化秩序感，減少情緒波動帶來的失控感。
■ P 型者：加入彈性儀式與自由時間段，不讓行程完全占滿，保留創造空間。
■ T 型者：設計策略性檢討與邏輯對話機制，例如每週列出「我的行動為什麼有效／無效」。
■ F 型者：設立「情緒回收日記」或「感受分享對話」，讓感覺能被看到與肯定。

這些看似微不足道的小步驟，其實是你心理能量的補給站。當情緒與壓力能被設計、被轉化、被安排成節奏，你就不再害怕「情緒來了怎麼辦」，而是開始運用它「讓我能夠再走得更穩、更遠」。

因為真正的執行力，不是每次都衝得最快，而是你知道每當情緒來襲、壓力湧現時，你都有能力讓自己穩住、轉化、前進。

第三章　行動的力量：從性格驅動到成果複利

第五節
成就動機理論：你是被目標還是恐懼驅動？

1. 行動的真正推手：你是因想要還是因害怕？

我們常說「有行動力的人才能成功」，但卻很少有人真正去追問：「你為什麼要行動？」是因為你渴望達成某個夢想，還是因為你害怕落後、不被接納或失敗？這看似是一個動機強度的問題，實則是動機方向的差異。

根據心理學家大衛・麥克利蘭（David McClelland）提出的成就動機理論（Achievement Motivation Theory），人們的行動來源主要可分為三大驅動：成就需求（nAch）、權力需求（nPow）與親和需求（nAff）。而在這三種動機的底層，又可進一步分為兩種動能架構：趨向動機（approach motivation）與迴避動機（avoidance motivation）。

簡單來說，你的行動是「為了得到某種結果」還是「為了避免某種結果」？前者是目標驅動，後者則是恐懼驅動。這兩者都能推動人前進，但長期來看，其心理代價、行動品質與持續性卻大不相同。目標驅動傾向於創造、建構與投入；而恐懼驅動則傾向於逃避、焦慮與自我保護。

那麼，你是哪一種？你是因為想成為更好的自己才努力，還是因為怕自己一事無成而不敢停下來？當你能誠實面對這個問題，你才真正踏上了成就動力的覺察旅程。

2. MBTI 如何影響你的動機結構？

每個人的動機模式不只是由環境塑造，更與性格密切相關。MBTI 的十六型人格模型提供了理解「你如何對外部刺激產生反應」的重要線索，

第五節　成就動機理論：你是被目標還是恐懼驅動？

而這些反應，也會直接決定你的動力方向是偏向「追求」還是「防衛」。

舉例來說，ENFP、ENTP 等外向直覺型（Ne）個體，天生對於可能性與未來充滿想像，他們傾向目標驅動，因為「還有什麼沒做」對他們而言，是一種誘惑而非壓力。他們容易被願景點燃，卻也常在沒有實現時感到失落。

相對地，ISTJ 或 ISFJ 等內向感覺型（Si）個體，則多半以責任與穩定為核心，他們經常以「不能搞砸」、「不要犯錯」為主要行動起點，也就是典型的恐懼驅動型。這種動機方式可以帶來極高的穩定性與落實力，但若長期不轉化為正向信念，容易累積內耗與焦慮。

判斷型（J）與知覺型（P）則在「動機啟動時機」上展現不同。J 型者傾向提前設立目標、規劃流程，屬於結構性目標驅動者；而 P 型者則偏好彈性與變動，若外界給予過多壓力，他們可能轉向迴避動機，變成「我不是想完成，我是不想被罵」。

情感型（F）與思考型（T）的差異在於：「動機來自價值還是邏輯？」F 型者若無法在目標中感受到意義，便會迅速失去動力；而 T 型者若發現一項任務在策略上無效，則會直接抽離。他們可能都會行動，但行動的起點與持久性卻因動機方向而截然不同。

理解自己的性格動機結構，就像打開一張內在行動地圖。當你知道什麼類型的刺激會讓你前進、什麼語言會讓你防衛、什麼任務會讓你逃避時，你就能開始有意識地設計出真正適合自己的成就節奏。

3. 被目標點燃的人：如何持續放大動機之火？

若你屬於目標驅動型個體，你的行動來自於對未來的渴望與對意義的感知。你做事不是為了不失敗，而是因為你看見了某個可能、某個更好的自己或世界的模樣。你很可能會說：「我不想只是這樣過一生」、「我

想讓事情變得不一樣」。

這種動機方式強調創造與追求,但也有其隱性挑戰:容易因為看不到立即成果而懷疑自己、容易過度投入遠景而忽略當下節奏、容易在期望與現實落差間產生虛耗。目標驅動型的人並非天生就有耐性,他們需要設計一套「遠景－階段性成果－回饋」的系統,來確保動機不會被時間吞噬。

適合這類型的策略包括:

- 設定多層級目標:長期願景＋中程里程碑＋短期每日任務;
- 創造儀式感:讓每個階段完成都能視覺化與具象化;
- 訓練情緒韌性:接納不確定與卡關,而不將其視為失敗;
- 建立正向社群:與同樣被目標點燃的人為伍,彼此回饋。

目標驅動型者的力量在於,他們可以照亮黑暗、激發他人、改變現狀,但他們也必須學會管理自己的光——不能讓它燃得太快、燒得太盡。

4. 被恐懼推動的人:如何轉化防衛為能量?

若你發現自己行動的動機常來自「怕搞砸、怕被罵、怕失去機會、怕辜負他人期待」,那麼你可能屬於恐懼驅動型個體。這並非壞事,事實上,許多高度負責任與紀律性極高的人正是靠這種「不讓自己失敗」的動機,走過無數難關。

恐懼驅動能帶來強大的初期爆發力與持續穩定,但其副作用也明顯:一旦外在壓力源消失,行動力會瞬間下降;長期處於焦慮狀態會消耗情緒能量,導致拖延、倦怠與自我否定;在高期待與高壓中,還可能出現

第五節　成就動機理論：你是被目標還是恐懼驅動？

「成功焦慮」——越做越怕失敗，越怕就越無法自然發揮。

這類性格個體最需要做的，不是「讓自己更堅強」，而是轉化行動的內在語言。從「如果不做會怎樣」轉向「如果做了我會成為什麼樣的人」；從「我怕丟臉」轉向「我想對得起自己」。

轉化策略包括：

- 寫下「我為什麼在害怕」＋「這個害怕背後其實代表什麼渴望」；
- 學習失敗肌肉：設計低風險的嘗試場景，讓大腦習慣不完美；
- 設定非恐懼型目標：以「希望與興趣」為出發點建立行動項目；
- 練習自我寬容語言：從「我不能失敗」轉為「我可以學習與調整」。

你不需要否定恐懼，但你可以讓它成為你成就的一部分。不是壓抑它，而是讓它轉化為「我之所以這麼努力，是因為我曾經這麼在乎」。

5. 建構屬於你的動機永動系統

無論你是目標驅動還是恐懼驅動，真正長期穩定的執行力，都仰賴一個「動機平衡系統」。這個系統包含三個核心元素：

- 覺察驅動源：你每天起床行動的真正原因是什麼？這是習慣？責任？還是熱情？
- 切換語言框架：當你在害怕時，能否改用積極語言自我引導？當你因目標而挫折時，能否重新連結當初的願景？
- 設計補能循環：你的行動若不斷消耗能量，那麼它就不是一套可持續的系統。你需要休息、需要正向回饋、需要與人連結與被理解。

第三章　行動的力量：從性格驅動到成果複利

我們建議為自己設計一個「動機日誌」系統，每週寫下三件事：

- 我這週行動最有效的動機是什麼？
- 我在哪裡是因恐懼而前進？在哪裡是因目標而行動？
- 我下週可以怎麼讓我的動機更健康、更自然？

當你開始不再只是被動接受驅動，而是主動設計你的驅動方式，你的人生節奏將進入一種新的層次。你不再只是為了不失敗而前進，也不再只是渴望理想而無力實踐，而是開始在現實與想望之間，創造一套你可以持續演出的行動劇本。

因為你終於知道，真正的成就來自內在，那是一股能穿越風雨、在光暗中都能持續發光的動能，而那股動能的名字，叫做：你自己選擇怎麼活。

第四章

個人品牌打造：從內在定位到外在影響

第四章　個人品牌打造：從內在定位到外在影響

第一節
性格與說話風格：你最打動人心的表達方式

1. 溝通，不是輸出資訊，而是傳遞狀態

　　當我們談到「說話風格」時，多數人會聯想到話術、語調、結構，甚至模仿某些講者的技巧或句型。但從心理學角度來看，真正有效的溝通，不是來自於你說什麼，而是你讓人「感受到什麼」。簡言之，溝通不是資訊的輸出，而是情緒與狀態的共鳴。

　　在一對一談話中，有效的說話風格能產生信任與連結；在群體溝通中，它能促進認同與跟隨。而真正能打動人心的說話者，往往不是最會說話的，而是最能「以自己的方式說話」的人。這也就是為什麼我們在不同場合中，會對某些人特別有印象——他們未必完美、流利、專業，但他們的話，讓你感到「真」、「近」、「準」。

　　MBTI 性格模型正好提供了這樣的理解框架：每一種性格類型，在表達與接收資訊時有其偏好與特質。有些人擅長以邏輯與架構建立說服力，有些人則以情緒共鳴喚起注意力；有些人喜歡言簡意賅、快節奏輸出，有些人則偏好細膩鋪陳、慢步推進。

　　當你開始理解自己「是怎麼說話的人」與「人們如何感受你的表達」，你就能不再模仿他人風格，而是調整你與環境、聽眾、情境之間的節奏與語氣，讓說話這件事，成為你性格魅力的延伸，而非扭曲。

2. MBTI 與說話風格：性格如何形塑你的語言模式？

　　MBTI 性格理論中，十六型人格的差異不只展現在思考與行動方式上，也深刻影響了說話的內容、節奏、焦點與語氣。從這個角度觀察，

第一節　性格與說話風格：你最打動人心的表達方式

我們可以將「說話風格」視為性格的一種外顯表現形式。

舉例來說，外向型（E）的人，往往偏好即時回應與現場互動，他們說話節奏快、肢體語言豐富，習慣邊想邊說；而內向型（I）的人則偏好事先思考、反覆修正，他們說話較慢、內容精準，但有時讓人覺得距離感強。

感覺型（S）的人說話內容多半貼近具體經驗與細節，他們喜歡舉實例、談過去、重事實；而直覺型（N）的人則偏好講概念、預測與願景，他們擅長用比喻與抽象語言，但有時會讓人感覺「太跳」。

思考型（T）的人說話偏重邏輯、目的與分析，適合簡報與策略型溝通；情感型（F）的人則偏好溫度與情緒，他們常用「我覺得」、「這讓我難過／興奮」等語句，更能在人際互動中建立連結。

判斷型（J）的人說話講重點、有結論、有時間觀念，他們討厭模糊與空談；而知覺型（P）的人則喜歡開放式的討論，習慣用「也許」、「我們可以再看看」等語言，表現出彈性與創造性。

這些表達差異正是說話風格的性格根基。你若不了解自己的傾向，可能會在職場簡報中講得太情緒化，或在人際關係裡過於冷靜分析；但當你認清自己的說話偏好，就能開始「微調」，而不是「硬改」。

3. 找到你的說話優勢：從性格轉化為溝通資產

許多人對說話有焦慮，是因為他們認為自己「不夠有說服力」、「沒辦法像某某那樣講得流暢」，但真正的說服力並不在語速、華麗詞彙或精緻邏輯，而在於「一致性」與「真實性」。

換句話說，當你說話的方式與你的性格一致，別人會感到舒服與信任；當你硬要扮演一個不屬於你的角色，例如一個內向者模仿激昂講者

第四章　個人品牌打造：從內在定位到外在影響

的風格，就會讓人產生違和感，也讓自己壓力倍增。

因此，找到屬於你的說話優勢，才是建立個人品牌的第一步。以下是幾個常見性格型的說話亮點：

- INFJ：語言深刻、具洞察力，適合在深度溝通與理念輸出上發揮影響力；
- ENFP：充滿熱情與畫面感，說話自然感染力強，適合激勵與創意型表達；
- ISTJ：邏輯清晰、條理分明，適合進行決策說明與專業簡報；
- ISFP：語言柔和、同理性高，擅長在情緒支持與情境溝通中發揮魅力；
- ENTJ：直接明快、充滿目標感，適合策略發表與領導表達場景。

你不需要變成誰，只要放大你性格中的說話優勢，就能打造專屬於你的「風格性語言印象」。這不僅讓你溝通更輕鬆，也能在各種情境中，迅速建立出「這個人講話我想聽」的心理循環。

4. 性格與場合的對位：選對情境，讓你更有聲音

許多內向者在面對公開場合時會產生焦慮，是因為他們被放在了不適合的語言場景裡。相對地，有些外向型的人在一對一深談中無法產生深度，也是因為他們的表達需要空間與互動作為回饋。這些情況其實都可以透過「性格對位」進行優化。

若你是 E 型，你可能適合即時互動式演講、主持、討論會等動態場合，而不一定適合獨立拍攝 Podcast 或錄製長段落影音。你需要現場的能量流動來觸發語言節奏。

第一節　性格與說話風格：你最打動人心的表達方式

若你是I型，你則更適合準備充分的簡報、靜態對談、專欄書寫等非即時回應的場合。替自己預備時間與話語空間，你就會成為穩定且可信賴的說話者。

S型與N型的說話風格也影響場域選擇。S型者適合在教學、說明與經驗分享型場合中建立專業性；而N型者則適合在創新討論、未來規劃、品牌願景等場域展現魅力。

F型與T型在情緒厚度與語言取向上差異明顯。F型者擅長建立親密與連結，適合情感領導、人際溝通、關係修復場合；T型者則擅長策略思維與目標導向，適合決策簡報、辯論、提案場合。

當你開始依據性格挑選「適合你的說話場域」，而非勉強自己站上所有舞臺，你會發現自己的聲音不再顫抖，而是自然地被聽見。

5. 建構你的個人語言風格：讓說話成為個人品牌的一部分

當你理解了性格如何影響說話風格，也知道在哪些情境中你說話最有力量，下一步就是：建立一套可複製的個人語言風格系統。這套系統，將成為你打造個人品牌、影響力輸出的核心工具。

這個語言風格系統包含三個面向：

- **語言核心詞彙**：你要讓人記住你，必須有一套屬於你的語言邏輯與關鍵語。例如ENFP常用「我覺得很有趣的是……」，而ISTJ則習慣說「依照我過去的經驗來看……」。找出你的語言核心，會讓人產生熟悉感與辨識度。
- **語調與情緒傳遞**：你說話是快節奏還是慢節奏？音調高低是否穩定？情緒是否自然流動？錄下自己的聲音，觀察他人對你的反應，是找出語調特色的重要方式。

- **說話儀式設計**：是否有一種你最放鬆、最自然的說話場景？你可以設計自己的語言儀式，例如：每週一次 Podcast 錄音、每天一篇社群分享文、每月一次主題講座，這些不只是內容輸出，更是語言風格的鍛鍊場。

當你把說話從「一種任務」轉變為「一種自我延伸」，你就不再焦慮，而是開始享受說話這件事。因為那不再是為了被認可，而是讓別人更真實地認識你。

說話從此不再只是傳遞訊息，而是一種你「存在方式」的展現。而當你這樣做的時候，你的話語，將會打動人心，不因技巧，而因你本身就值得被聽見。

第二節
社會心理學中的吸引力法則

1. 吸引力不是天生的，而是心理機制的總和

當我們說「這個人很有吸引力」時，往往指的不只是外貌，而是一種讓人「想靠近他、想多聽他說話、想與他互動」的心理反應。這種吸引力，實際上並非神祕的天賦，而是基於一系列可被解釋的心理規律與人際反應模式。

根據社會心理學的研究，吸引力的形成包含多種因素——外表吸引力是一環，但更多時候，人們是根據相似性（similarity）、熟悉性（familiarity）、互惠性（reciprocity）、一致性（consistency）與社會證據（social proof）來做出接近與信任的判斷。

舉例來說，當你發現一個人喜歡跟你一樣的音樂、書籍、電影或工作態度時，你會更快產生親切感；當一個人持續出現在你視野中，哪怕不熟，你也會潛意識地覺得「好像可以信任」；當一個人稱讚你、理解你、支持你時，你便更願意對他敞開；當一個人說的話與他平時的行為一致，你會覺得他真誠可靠；當你看到他被很多人追隨或推薦時，你會更容易對他產生好感。

這些機制正是我們日常互動中的「心理觸發器」，而 MBTI 性格會決定我們傾向啟用哪種吸引力資源，也會影響我們在吸引他人時的「風格」。換句話說，你的性格會自帶某種吸引公式，而你要做的，是找到那條最適合你操作的吸引力循環。

2. 相似性與認同感：性格越像，關係越快升溫

在所有吸引力法則中，「相似性原則」無疑是最常見也最有效的一項。社會心理學家唐・拜恩（Donn Byrne）透過一系列實驗證明：人們對那些與自己價值觀、興趣、生活態度相近的人更容易產生好感，甚至在初次見面時就決定「我喜不喜歡你」。

這種現象背後的機制是「自我認同強化」—— 我們喜歡那些能夠反映自己某部分的人。當你發現對方也愛看你喜歡的影集、對工作有同樣看法、在人際上也有類似界線觀，你會更快感到親切。這不只是興趣相同，而是一種潛在的價值與行為邏輯的共鳴。

不同性格會以不同方式創造「相似性」的效果。例如：

- ENFP 型擅長主動分享自身經驗與情緒，讓人快速感受到「我們想法很像」；
- ISFJ 型則透過傾聽與溫柔回應建立情感共鳴，讓人產生「這個人懂我」的印象；
- INTP 型會用邏輯與分析來建立思維連結，吸引那些喜歡深談與探究的人；
- ESTJ 型則透過務實與行動一致性吸引同樣重視效率與成果的群體。

要提升這一吸引力指數，並不需要刻意模仿對方，而是提升「顯性表達你的真實偏好」的能力 —— 例如在社群中自然分享你的價值觀、在對話中誠實表達你的原則與看法，讓人可以快速辨識「你是哪一種人」。這樣一來，對的人會更快接近你，而不適合的人也不會浪費你時間。

3. 曝光效應與一致性：讓人習慣你的存在感

另一個強大卻常被忽略的吸引力法則是「曝光效應」(mere exposure effect)。這一概念由心理學家羅伯特・扎榮茲 (Robert Zajonc) 提出：人們對某個刺激越常接觸，越容易產生好感。換句話說，「熟悉」本身就會產生吸引力。

應用在個人品牌上，這表示：只要你穩定且一致地出現在他人視野中，久而久之，即使你沒有強烈推銷自己，人們也會對你產生認識感，進而轉化為信任與偏好。

而「一致性效應」則進一步指出：若一個人的表現穩定、語言行為前後一致，他就會被視為可靠、值得信賴的人。這點對 J 型人格特別重要 —— 他們在一致性上的優勢若被穩定輸出（例如每週固定更新社群、持續寫作、定期開設分享），就能自然形成高信任感的個人印象。

P 型人格則可運用創意與變化建立「動態吸引力」，但需搭配一個可辨識的核心，例如口頭禪、視覺風格或敘事節奏，避免讓人感到混亂無法掌握。

要提升曝光效應的影響力，可嘗試以下策略：

- 設計「語言辨識點」：讓人一聽就知道是你在說話，例如固定開場語、代表性句式；
- 設立「週期性出現節奏」：每週固定一次內容更新、每月固定一場直播或互動；
- 維持「行為前後一致」：說到做到，久而久之會讓人自動將你歸類為「可靠的人」。

第四章　個人品牌打造：從內在定位到外在影響

吸引力不在於一時驚豔，而在於習慣建立。當他人習慣你存在於他們生活中，你就成了他們世界裡「理所當然的重要角色」。

4. 互惠原則與自我揭露：真誠給予的人最有魅力

心理學家艾爾文・古德曼（Alvin Gouldner）提出「互惠原則」──人們傾向對那些給予自己幫助或情感支持的人產生好感，並回應以相似的行為。這是一種潛在的心理契約，也是一種深層的人際吸引力來源。

在實務應用上，「給予感」的展現方式包括：主動協助、提供資源、認可對方價值、傾聽與情緒支持。而這些互惠行為的前提，是你願意「揭露自己」，讓對方覺得你不是在表演，而是在建立真誠關係。

F 型人格在這方面通常表現自然，他們樂於分享、傾聽、鼓勵，也因此常被認為「很好親近」、「讓人想靠近」；而 T 型人格若能透過誠實的經驗分享與適當幽默，則會產生意想不到的吸引力，因為他們通常不輕易示弱，一旦分享，就特別有力量。

此外，I 型者雖不擅長大量互動，但一旦信任建立，他們的深度陪伴與長期一致性，常成為高忠誠人際關係的養分；而 E 型者則擁有天然的「外部能量場」，只要結合真誠而非過度表演的分享，就能創造極高的黏著力。

建立這種吸引力的實作方式包括：

- 練習情緒性自我揭露，例如「這件事對我來說有點難……但我想試著面對」；
- 在對話中主動給予具體回饋，而非敷衍式反應；
- 讓幫助他人成為自然習慣，而非交易手段；
- 學會在適當時機請求幫助，因為讓別人幫你，也是一種互惠的開始。

第二節　社會心理學中的吸引力法則

最動人的吸引力來自於真實，不是完美，而是「我願意與你分享我真實的樣子，並接住你真實的樣子」。

5. 為性格設計你的專屬吸引力場域

理解了吸引力的心理法則後，最重要的就是：依據你的性格，設計出屬於你自己的吸引力場域，也就是你在哪裡、用什麼方式、面對什麼人，能夠最自然地發光。

這裡我們可以整合三個步驟：

- **性格傾向辨識**：你是偏外向還是內向？偏情感還是邏輯？你吸引人時是靠能量、還是深度？
- **互動偏好設計**：你適合長篇敘述還是短句分享？適合一對一深談還是多對多交流？你擅長主導，還是陪伴？
- **場域選擇策略**：在什麼平臺或實體場景下，你可以展現最自然的自己？是 Podcast、直播、Instagram、教學現場、咖啡廳對談還是書寫空間？

例如：一位 INTP 型講者可能不擅長現場即興演講，但透過 Podcast 或部落格寫作，卻能吸引一群追求深度的聽眾；一位 ESFP 型個體則適合透過影片創作與現場活動展現親和力與感染力。

你不需要「變成那種很會說話、很會交際的人」來建立吸引力，你只需要用最自然的方式，持續出現在你擅長的場景中，就足以創造影響。

因為真正的吸引力不是「讓所有人喜歡你」，而是「讓對的人看見你，並主動靠近你」。

第三節
信任建構心理：如何成為被推薦的人

1. 信任是品牌的根基，推薦是信任的投票

在個人品牌的世界裡，最強大的背書不是你的學歷、經歷或口才，而是他人願意替你說一句：「我信他。」這一句簡單的話，就是品牌價值的展現，也是信任的公開投票。

心理學家保羅‧扎克（Paul Zak）在研究中指出，信任的核心由三個條件構成：可預測性（Predictability）、誠信（Integrity）與情感安全（Psychological Safety）。而這三項條件，其實都是性格的外在延伸——你說話算不算話、你做事有沒有後續、你給人的感覺是否穩定、你是不是一個讓人放心的人。

但在現代社會，光是做好自己的工作已經不夠。真正能讓你被看見、被接近、甚至被主動推薦的人，是那些讓他人產生「推薦你，是一件安全、穩定、光榮的事」的存在。這不是偶然，而是心理設計。

信任的形成，從來不是單靠表現來換取，而是從日常互動中的每一個小細節慢慢建構起來。你的一句回覆、一個承諾的實踐、一場公開分享的表現，甚至一篇社群貼文的語氣，都在默默累積他人是否將你納入「可被信任名單」的印象裡。

2. MBTI 性格如何影響「被信任感」的形成？

MBTI 十六型人格中，不同性格在信任建立上的表現與策略大不相同。有些人因果斷、效率與清晰而被信任，有些人則因溫暖、細膩與持

第三節　信任建構心理：如何成為被推薦的人

續陪伴而取得他人信賴。理解自己的性格如何影響「他人如何看待我是否可靠」，是提升被推薦機率的第一步。

例如：ESTJ 或 ENTJ 這類外向判斷型的人，常被視為具有目標感與行動力。他們擅長設定目標、分配資源與快速執行，適合擔任關鍵任務負責人，常因「有擔當」而被推薦。這類型若能強化「對他人情緒的敏感度」，將大幅提升信任深度。

相對地，INFJ 或 ISFJ 等內向情感型的人，則以深度陪伴、誠懇傾聽與高一致性取得信任。他們常是「默默把事做完」的穩定角色，雖不喧嘩但深具影響。若能強化公開表達與可見性，就更容易被主動推薦。

ENFP 與 INFP 則憑藉真誠與願景感動人心。他們常以熱情與共感創造連結，雖不總是組織最穩定的一員，但卻經常在團體中扮演「促進信任氣氛」的角色。這類型若能提升「執行細節穩定性」，則可信度將大幅提升。

你是哪種人，別人就用什麼方式判斷你值不值得信任。了解這一點，不是要你改變性格，而是要你優化那個會被觀察的部位，讓它與你的真誠一致。

3. 可預測性：讓人知道你「下一步會怎麼做」

可預測性，是建立信任的第一要件。想像你正在合作一個專案，你的夥伴若每次回應都不在時間內、承諾不確定、說話忽左忽右，即使他能力再好，你也不敢推薦他給別人。為什麼？因為他「不可預測」。

而可預測性其實就是性格穩定的行為輸出。J 型人格（判斷型）在這點上有先天優勢，他們傾向建立計畫、遵守時程、重視承諾，讓人自然感覺「你交給他，他會處理好」。這種人最容易被推薦，因為他們可被預

第四章　個人品牌打造：從內在定位到外在影響

測，也就可被信任。

但對於 P 型人格來說，雖然彈性是優勢，但若未建立明確的行動節奏與回應機制，會讓人感覺你「不確定可不可以接任務」，導致信任落空。你不需要假裝自己變得一板一眼，但可以設計一些具儀式感的可見流程，讓別人知道你確實有進度、有回應、有責任心。

可預測性的另一個關鍵，是「如期但不驚喜」。很多人以為只要做到「超水準」就能換來信任，其實不然。你只要穩穩地做好預期中的事，就已經比九成人可靠。驚喜是加分，但穩定才是信任的本錢。

4. 誠信與一致性：別讓你的人設自打臉

誠信不只是「說到做到」，更是「你說什麼就代表你是誰」的公開呈現。這裡牽涉到第二層信任心理機制 —— 一致性認知。社會心理學家費斯廷格（Leon Festinger）提出「認知失調理論」（Cognitive Dissonance），指出人們無法接受一個人在行為與說法上反覆無常，因為這會引發心理不安與信任崩解。

因此，一個人的言行一致性，會直接影響他能不能成為「被推薦的人」。在 MBTI 架構中，T 型人格（思考型）常以邏輯一致與判斷清晰建立誠信感，但可能忽略情境彈性與語境調整；F 型人格（情感型）則因高度共感容易在不同關係中調整語言與立場，若未明確表達界線，也可能產生「你這邊說一套，那邊說一套」的錯覺。

解決方法是：建立你說話與行動的一致性範圍與原則。你可以在 A 群體中講創新、在 B 群體中談穩定，但你必須能解釋為何這樣做，並清楚展現「這兩面都是我，不是矛盾，而是面向不同而已」。

建立誠信與一致性的方式包括：

- 認清你價值觀的底線是什麼，不為取悅而拋棄；
- 維持語言風格與判斷邏輯的一致性；
- 出現錯誤時坦承說明，避免掩蓋；
- 對於他人給你的正面評價，不過度包裝、不過度消費。

當人們發現你所說所做從頭到尾都走得通，他們就會願意把自己的信譽借給你，也就是 —— 推薦你。

5. 從信任邁向推薦：讓人「敢替你背書」的心理邏輯

最後一個層次，是「從信任到推薦」的心理關卡。這是一個很微妙的轉變：有很多人我們信任，但卻不會主動推薦他們，因為推薦代表「我在他人面前替你保證」，這會涉及風險與責任。

因此，要讓人願意替你說好話、介紹機會或轉介資源，除了上述的可預測性與一致性，你還需要打造讓人願意共存風險的關係系統。

這意味著：

- 你要讓對方知道：你不是只拿不給，你也會互惠、會回應；
- 你要讓對方相信：即使你表現未如預期，也會有成熟處理方式，不會讓推薦人尷尬；
- 你要讓對方感受：替你說話是一件光榮的事，而非吃力不討好；
- 你要讓對方明白：你有能力，不會讓他的資源被浪費。

當這些心理層次被逐一滿足，你就會進入一個人脈網絡的升級循環 —— 不只是有人認識你、喜歡你，而是有人主動為你說話。而那正是現代個人品牌最強大的勢能來源。

因為你讓信任成為一種可見的價值，而不是只存在私下的好感裡。

第四章　個人品牌打造：從內在定位到外在影響

第四節
用 MBTI 強化個人敘事：讓性格變成優勢

1. 自我敘事是品牌的骨架，而性格是你故事的起點

　　每個人都在說故事。你每天在與人互動時，分享自己過去的經歷、選擇的理由、目標的來源，這些都在建構一個「我是誰」的框架。心理學家丹・麥克亞當斯（Dan P. McAdams）提出「自我敘事理論」（Narrative Identity Theory），指出人類會透過編織生命事件、選擇記憶與角色定位，來建立個人認同與對外溝通的方式。

　　簡單說，你的品牌不是你做過什麼，而是你怎麼講你做過的事。而這個「怎麼講」，與你的性格密切相關。MBTI 模型幫助我們認識自我行為的偏好與內在驅動，也就是說：你是怎麼決定事情的？你是怎麼與世界互動的？你是怎麼看待過去與未來的？

　　自我敘事不是隨機發生的，而是性格結構與生活經驗交織後產生的自然故事感。舉例來說，一位 INFJ 型的人，可能會傾向將生命經驗講述為「內在洞察與他人連結」的旅程；而一位 ESTP 型的人，則會用「突破限制、把握機會」作為敘事主軸。

　　當你理解自己的性格偏好，你就能在眾多敘事中選擇最有力的一條主線，不只讓自己活得清楚，也讓別人更快認識你、信任你、記得你。

2. 性格類型與故事主軸：每種人都有一條最適合的敘事路徑

　　MBTI 性格模型幫助我們理解自己如何「知覺世界」與「做出選擇」，而這兩種功能會深刻影響我們選擇講什麼故事、怎麼講故事，以及為什麼這樣講。

第四節　用 MBTI 強化個人敘事：讓性格變成優勢

以外向（E）與內向（I）為例：E 型傾向將自我形象建構於與他人的連結上，故事常以互動為主，主角經常不是自己一人，而是團體、夥伴與關係網絡；I 型則更偏好敘述內在心路，強調洞察、自我轉化與心理歷程。

感覺（S）與直覺（N）影響的是故事素材與視角：S 型敘事重視事實、過程與實際步驟，他們的故事可信度高、操作性強，適合傳達專業性與落實感；N 型則擅長總體整合，故事具有高度概念性與未來感，特別適合用於願景導向的個人品牌，如講述理想、信念或使命。

思考（T）與情感（F）則展現在故事的邏輯與情緒色彩：T 型敘事強調因果邏輯、策略選擇與效率成果，他們的敘事會呈現「我如何做對決策」；F 型則強調價值感、共感經驗與人際轉化，他們的故事更能引發他人情緒共鳴。

最後，判斷（J）與知覺（P）的差異影響了故事的結構：J 型敘事通常條理清楚、有起承轉合與明確結論；而 P 型敘事則更自由、多元、非線性，往往以「我還在摸索中，但我樂在其中」作為故事基調。

認識這些性格與敘事主軸的對應關係，不是要你框住自己，而是讓你選對表達方式。例如：若你是 ENFP，你可以放心強化「靈光乍現→熱情投入→意義追尋」的故事主線；若你是 ISTJ，就該發揮「穩健執行→累積實力→可靠成果」的敘事優勢。

3. 擺脫性格陷阱：不要讓弱點變成故事破口

雖然每種性格都有其天然的敘事優勢，但若不覺察，也容易讓性格限制變成敘事破口，反而削弱你的品牌信任度與影響力。

舉例來說，內向直覺型（如 INTP、INFJ）若過度聚焦在個人內在思

維，可能讓敘事顯得抽象、不具體，讓人聽不懂或無法感同身受；外向感覺型（如 ESFP、ESTP）則可能因過度強調當下經驗與情緒，而缺乏縱深與未來性，讓人感覺故事好聽但缺乏延伸空間。

思考型人格若只講「怎麼做」，可能會忽略「為什麼做」與「做了之後的感受」；情感型若過度強調「我怎麼感覺」，則可能讓人難以理解具體行動或成果。

避免這些敘事陷阱的策略之一，是引入「補型元素」進行平衡。例如：

- INFJ 可以在敘事中加入具體場景或人際互動，讓觀眾進得去；
- ESTP 則可在故事中補上價值信念與長期目標，避免流於表層；
- INTP 可以預設聽眾的問題，提前補充邏輯橋梁；
- ENFJ 則可多加入數據、成果佐證，提升可信度與說服力。

你不需要變得完美，但你需要讓你的故事從頭到尾合理、可信、動人。這才是被記住的關鍵。

4. 把經驗轉化為故事：讓你走過的路變成別人眼中的亮點

敘事不只是「告訴別人你做過什麼」，而是「讓別人看見你是怎麼做的」。你的經歷若只是事實清單，無法產生影響力；但若你能把它編織成一段有起伏、有決策、有轉變的敘事，就會成為品牌的強力證據。

在敘事心理學中，有一個重要概念是「轉折點」（Turning Point）：這是一個故事中主角做出選擇、態度產生變化、或方向完全改變的瞬間。好的個人品牌敘事，往往就是靠一到兩個有力的轉折點，讓人記得你、認同你、願意跟你走。

第四節　用 MBTI 強化個人敘事：讓性格變成優勢

你可以這樣設計你的敘事：

- 事件→挑戰→選擇→結果→學習
- 迷惘→試錯→領悟→蛻變

舉例來說：

- INFJ 可講述「我如何從壓抑自我到學會發聲」；
- ESTJ 可分享「我如何從效率導向走向平衡帶領」；
- ISFP 可以訴說「我如何用美感與安靜影響他人」；
- ENTP 可強化「我如何將雜亂想法變成可行專案」。

這些敘事，會讓你過去所有的痛苦、選擇、實驗、磨練，都轉化為個人品牌的證據與特色。你不需要偉大經歷，只需要一條清楚的成長脈絡，別人就能看見你。

5. 建立一致的語言風格與形象記憶：讓性格成為品牌辨識點

最後，當你的故事主線清晰，你就可以進入「語言與風格設計」的階段，也就是將你性格的內在邏輯，轉化為外在形象的可辨識元素。這包括你用什麼詞語？你怎麼開場？你故事的節奏？你的標題風格？這些都會逐漸形成你的敘事習慣與品牌語境。

這裡提供一個簡單的性格風格匹配建議：

- INFJ、INFP：使用溫柔、深刻、有哲理的語言；風格溫暖但具洞察，標題可採用「×× 背後的真相」或「從一段經歷看懂 ××」。
- ENTJ、ESTJ：語言簡潔明快，強調行動與策略，標題可以是「三步驟建立 ××」、「如何在 ×× 中精準勝出」。

103

- ENFP、ENFJ：用情感包裹行動力，語調鼓舞人心，常用「我想和你分享一件事」開場。
- ISTJ、ISFJ：穩定、有條理，標題可採「××的5個原則」、「一步步教你××」，適合建立信任感與專業性。

語言風格並非一成不變，而是一種長期可辨識的使用習慣。當別人看到你的內容就知道是你，聽你說話就產生熟悉感，那你就已經完成了個人品牌中最難的一件事——建立長期信任與記憶黏著度。

最終，你會發現自己不用刻意扮演某種形象，而是可以讓性格如實展現，並透過敘事框架讓這份真實變得清晰、有力、可被分享。

因為你不只是經歷過這些故事，而是活出這些故事的主角，而這份主體性，正是吸引他人、建立信任、創造影響的起點。

第五節
行銷自己：性格決定你如何被看見

1. 行銷不是包裝，而是讓人看見真正的你

在談行銷之前，我們得先澄清一個誤解：行銷不是塑造虛假的形象，也不是把自己「推銷」出去以換取認可。真正有效的個人行銷，是讓對的人看見你真正的價值，而不是讓所有人喜歡你。

心理學家艾伯特．班杜拉（Albert Bandura）提出「社會認知理論」（Social Cognitive Theory），指出人際世界是一個充滿觀察、學習與模仿的場域，每個人都在不斷觀看彼此、評估風險、調整認知。在這個過程中，我們不是在選擇「最亮眼」的人，而是選擇「最可信」的人。

而可信從哪裡來？來自一致性——你所展現的言行、風格、語言、價值觀是否能長期穩定地傳遞一種訊息。這份訊息，正是你性格的延伸。行銷自己，不是為了改變別人的看法，而是要建立「一種看法」，讓他們記住你、願意找你、甚至主動推薦你。

這就是為什麼性格決定你該怎麼行銷自己。如果你是 INFJ，試圖用 ESTP 的方式曝光自己，很快就會感到違和；若你是 ISTJ，硬要以 ENFP 的方式經營社群，很可能會感到虛假與耗能。

你要做的不是改變自己，而是找到一種性格一致性的曝光方式，讓你能持久、真誠、舒服地被看見。

2. MBTI 與曝光風格：你適合在哪裡被看見？

不同的 MBTI 類型，天生就擅長某些曝光方式。這些風格並非對錯，而是習慣與能量流動的選擇。理解自己的性格偏好，有助於你選擇合適的行銷媒介與內容形式。

舉例來說：

外向型（E）偏好即時互動與動態表現，適合直播、演講、主持活動與實體社交。他們需要觀眾的回饋來激發語言與行動。

內向型（I）則更適合非即時、可預備的形式，如寫作、Podcast、預錄內容與一對一對談。他們的影響力來自深度而非聲量。

感覺型（S）擅長傳遞具體資訊、流程與實例，適合教學、流程導引、操作指引型內容。

直覺型（N）則適合概念引導、願景闡述、創意輸出與未來趨勢類內容。

思考型（T）善於邏輯建構與系統呈現，適合做策略簡報、問題分析、效率教學；

情感型（F）則適合情緒共鳴、故事分享與價值觀引導，他們的語言會進入人心。

判斷型（J）傾向有計畫、固定產出，適合每週固定主題更新；

知覺型（P）偏好自由與靈感流動，適合突發創意與系列靈光內容，不宜過度框定。

你不是一定要經營 Instagram 或 YouTube，而是要根據你能「自然長期」產出的方式選擇舞臺。只有能「活得像你自己」，你才撐得住時間與關注的壓力。

3. 個人品牌的語言場：用你的方式說自己的故事

要行銷自己，除了選對平臺與內容形式，還需要打造屬於你的語言場。這包括：你常用什麼語調？你喜歡講什麼主題？你怎麼描述你的價值？這些語言會長期塑造他人對你的印象，甚至形成辨識度。

ENFP 可能喜歡用故事開場，例如：「我想跟你分享一段最近的感觸⋯⋯」，他們的語言有畫面感與情緒力；**ISTJ** 則可能用條列式呈現重點：「這三個原則幫我完成了這個案子」，他們的語言具結構與可預測性。

INFP 偏好深度反思與價值主張，他們常用「我一直在想一件事⋯⋯」來引導共鳴；**ENTP** 則善用辯證與挑戰語氣，像是：「你有沒有想過，其實 ×× 可能不是真的？」

這些語言風格無需模仿誰，而是透過大量書寫、錄音、演說逐漸形成。如果你能在每篇貼文、每場對話中，用一致性的語言展現出你的信念與方式，那麼你就不再是「說得好」，而是「你就是這樣說話的人」。

當語言風格與性格一致，品牌訊息就會清晰而可信。別人不會只記得你講過什麼，而是記得「你怎麼說話」，這就是你最強的辨識度。

4. 用性格設計可持續的內容輸出節奏

品牌不是一次的驚豔，而是長期的累積。要做到這一點，你需要一套「符合你性格的內容輸出節奏」，才能長期經營而不感耗損。

這裡有四種常見的節奏設計範型，對應不同 MBTI 結構：

- **穩定節奏型（適合 J 型）**：每週一固定出文，每月一場主題分享。優勢在於預測性高、持續堆疊，適合建立專業性與信任感；
- **靈感驅動型（適合 P 型）**：依據靈感與當下心境產出，雖不穩定但具感染力，適合用強記憶點打開知名度；

- **深度探索型（適合 I 與 N 型）**：每月產出一篇重磅文章或長內容（如電子報、專欄），以質取勝；
- **頻繁互動型（適合 E 與 F 型）**：高頻社群互動與即時分享，建立人情感與關係黏性，適合社群導向品牌。

你可以混搭使用，但必須清楚知道哪一種方式讓你「最不耗能」，而非「最有效」。因為真正能帶來成果的，不是短期流量，而是長期信任，而長期信任來自你說得出口、做得出來、撐得住的節奏感。

5. 成為讓人想接近的人，而不是只讓人看見的人

許多人在個人品牌經營中迷失，試圖讓自己變得「看起來專業」、「看起來成功」、「看起來像行家」，卻忽略了：人們追隨的不是完美的人，而是讓他們覺得靠近後會更安心、更成長、更真實的人。

你的性格若能被自然展現，會自動形成「吸引適合你的人」的磁場。這樣的人不一定最多，但他們會最穩。他們會留言、回應、推薦你，甚至主動成為你的品牌推手。

讓性格成為你的行銷策略，就是讓你在這個充滿競爭的世界裡，用最不費力的方式，持續被記得、被選擇、被相信。

最終，品牌不是你說自己是誰，而是別人願意怎麼介紹你。而那種介紹語，從來不是技巧堆出來的，而是你活出來的。

當你理解自己的性格，並用這份理解設計說話方式、產出節奏、選擇場域、建立語言場，你的品牌就會自然而然浮現 —— 不是靠喊出來，而是被看見的。

第五章

關係就是資產：人脈經營的心理學

第五章　關係就是資產：人脈經營的心理學

第一節　互惠理論與人情帳戶

1. 人情帳戶的本質：你給的不只是東西，而是心理餘額

在東方社會，「做人情」是一種根深柢固的文化，但在心理學中，這種行為其實有具體名稱：互惠原則（Reciprocity Principle）。由社會心理學家羅伯特・席爾迪尼（Robert Cialdini）提出，此原則指出：當別人對我們付出時，我們會傾向於回報，即便對方沒有明確要求。

換句話說，所謂的人情帳戶，就是一種心理上的「餘額帳戶」。你對一個人幫助越多、在他困難時陪伴越久，他心中對你的「關係餘額」就越高。一旦你需要協助、合作或轉介，對方回應的速度與誠意，很可能正是你先前儲存的反射。

但這裡有一個關鍵：人情帳戶不是交易，而是信任的累積。如果你帶著明確目的給予，或是給完就期待立即回報，反而會破壞帳戶的基礎，讓對方感受到壓力或被操控。

心理學家費斯廷格（Leon Festinger）的「認知失調理論」指出：當人們感覺到自己接受了一個人太多幫助卻無法回報，會產生壓力，進而選擇疏離，以減少內心的不協調。因此，真正有效的人情帳戶，是在對方感覺舒適與自由的前提下，自然回應的結果。

建立人情帳戶的關鍵，不在於你給了多少，而是你是否真誠、是否持續、是否不設條件地在對方需要時出現。這樣的互惠模式，不僅能讓你累積穩固的人際資產，也能在關鍵時刻創造出遠超你預期的回報。

2. 互惠的心理邏輯：關係不是平衡，而是節奏

互惠關係從來不是一比一的即時交換，而是一種基於信任與認知的「節奏性補償」。簡單說，你幫我一次，我不一定馬上還你，但我會記得，並在未來某個適當的時刻，用我擅長的方式回報你。

這種心理邏輯被稱為「延遲互惠」(Delayed Reciprocity)，是長期關係中最核心的價值。人際關係若總要求對等、馬上計算回報，很容易變質為交易型連結，反而無法穩定長久。

MBTI 不同性格在互惠節奏的偏好也有所不同。例如：

F 型人格（如 INFP、ENFJ）傾向於情感性互惠。他們在乎情緒回應、態度與關心，而非實際行為本身。他們不期待你馬上還什麼，而希望你記得他們曾經真誠幫助過你。

T 型人格（如 INTP、ESTJ）則較重視行動回報與任務交換。他們可能不習慣談情感，但記得任務與合作的承諾，並重視「你有沒有把事處理好」。

P 型人格（如 ISFP、ENTP）在互惠中偏好靈活、非結構性回應，不期待你立刻回應，但若你拖太久或「消失」，會降低對你的信任。

J 型人格（如 ISTJ、INFJ）則重秩序與邏輯，一旦他們對你產生虧欠感，會設法平衡。但如果他們覺得你沒原則、不守節奏，會直接封鎖連結。

因此，建立人情帳戶的本質，是在彼此認知的節奏內進行付出與接收，而不是單方面的索取與忍讓。關係的長久來自於節奏協調，而不是每次的等值交換。

3. 給予的藝術：性格如何影響你的人脈投資策略

很多人在經營人脈時感到疲累，是因為他們誤解了「給予」的真正意義。他們以為給予就是請客、送禮、出錢出力，但其實真正讓人想回報的給予，是在對方最需要時出現，並給出最適合的東西。

而這種給予方式，與性格深刻相關。你可以用最自然的方式，打造最有效的人情帳戶。

例如：

- ISFJ 可以透過細緻的支持與穩定的陪伴，在對方壓力大時給予實際安定感；
- ENFP 可以用鼓勵、創意與人脈整合資源，讓對方感受到活力與可能性；
- INTJ 可以透過策略建議與目標清晰化，在對方迷惘時提供方向；
- ESFJ 可以設計溫暖的活動與社交場合，成為連結者與橋梁角色；
- INFP 則可透過深度傾聽與價值支持，讓對方重新相信自己的選擇。

當你用自己的方式自然給予，對方也會以他熟悉的方式回應你。你不需要成為萬能的人脈高手，而是成為一個用自己的性格，經營適合自己的互惠方式的人。

這樣的人，不會累，也最穩定。

4. 小帳戶與大循環：關係網絡的資本運作方式

人情帳戶並不只存在於一對一的關係裡，它也會形成一種「群體信任資本」。這是人脈學中的一個重要概念：當你持續在不同人的帳戶中都有餘額，你將擁有一個彼此串連、互通有無的資源網絡。

這種網絡在心理學中被稱為「社會資本」（Social Capital），它不是金錢或權力，而是一種別人願意為你行動的隱性資源。當你幫助過十個人，而這十個人互相認識，你在他們心中就是一個「值得信任且可連結的人」。

這會產生一種複利效應：

- 你無需每次自己出面，只要有人在場，就會有人幫你講話；
- 你無需說服，就會有人願意介紹機會給你；
- 你無需競爭，就已經在他人的心中被預選。

這些好處不是一朝一夕建立的，而是你在眾多小帳戶中持續儲值、穩定給予、不問回報的自然結果。

也就是說，你給出去的，不是只對一個人產生影響，而是透過群體動態與口碑傳遞，建立了一個無形的人情資本系統。這才是關係經營的終極模式。

5. 被動收入式的人脈模型：如何讓人情帳戶自動增值

最終，你會希望你的人情帳戶不再只是靠主動維繫，而能產生一種「被動收入型」的自動成長模式。這種模式的核心，是讓對方在你不在場時，也願意替你說話、保護你的信用、傳遞你的聲譽。

這需要三個條件：

- **你的行為風格穩定、易於轉述**。也就是別人能很清楚說出「你這個人是怎樣的」，例如：「他講話直，但很有原則」、「她總是在需要的時候出現，做事細緻」。

第五章　關係就是資產：人脈經營的心理學

- **你創造了可轉介的價值**。當別人介紹你出去時，不只是因為交情，而是因為你提供的服務、觀點或個性，是有價值、可協助他人解決問題的。
- **你讓人與你互動後心情變好**。心理學中稱這為「情緒遺緒效應」——當人們與你互動完的感覺是安心、充實、被理解，那麼他們下次會更主動接近你，甚至介紹他人來找你。

這三個條件若能同時滿足，你就建立了一個「自動運作的人情帳戶系統」：別人願意為你說話，而你只需要定期維護與真誠面對。

你不需要成為那種一天到晚應酬、社交、奔波的人脈高手。你只要成為那個讓人覺得「我想幫你」的人。因為信任，才是關係裡最堅固的貨幣。

第二節
MBTI 看人脈互補：與你合作最愉快的是誰？

1. 你不是適合所有人，但一定適合某一種人

在職場、創業、生活團隊中，我們常面對這樣的情況：明明彼此都很努力、都很有實力，卻總是合作不順；相反地，有些人之間只要一句話就能默契十足、配合流暢。這其實不是單靠溝通技巧可以完全解釋的，而是與性格間的互補與配合度息息相關。

MBTI 性格模型提供了一個清晰的視角，幫助我們理解：不是所有人都該成為你的合作對象，但一定有一類人，能讓你在合作中感到自然、舒服、充滿能量。這種「合作適配性」來自於彼此在信息處理方式、行動節奏、情緒需求與決策邏輯上的互補。

根據「人際互補理論」（Complementarity Theory），高效合作關係多來自不同但互補的性格結構。當一個人偏向策略，他需要一個行動者來推進；當一個人情緒細膩，他需要一個穩定的實踐者來落地；當一個人擅長外部聯絡，他就需要一個善於內部規劃的人來補足。

所以，與其問：「我怎麼跟誰都合不來？」不如問：「我是不是還沒找到那個最適合跟我互補的人？」這正是 MBTI 在人脈策略上的價值所在——讓你有系統地尋找合作關係的「黃金組合」。

2. 類型互補的四個層次：思維、節奏、情緒、價值

MBTI 性格模型從四個維度拆解人類心理與行為模式：外向（E）對內向（I）、感覺（S）對直覺（N）、思考（T）對情感（F）、判斷（J）對知覺

(P)。每一組對立維度在合作中會產生特定張力，也正因這些差異，能創造高度互補的可能性。

第一層是思維互補（S vs. N）：S 型偏好實際、現場、細節操作，而 N 型偏好願景、抽象、未來預測。當 S 型負責落實，N 型掌握方向，就能產生強大推進力。例如：一個 ISTJ 與 ENFP 搭檔，一個穩定執行、一個點燃靈感，常能在創意與穩健間取得平衡。

第二層是節奏互補（J vs. P）：J 型喜歡事前規劃、按部就班，而 P 型偏好彈性與即興，當兩者搭配時，能在預測性與變通性中找到最佳節奏。像是 INFJ 與 ENTP 組合，一個設計路線圖、一個靈活應變，能有效應對變動市場。

第三層是情緒互補（T vs. F）：T 型偏邏輯與原則、F 型重情感與人際，前者確保任務正確完成，後者維繫團隊氣氛與關係動能。ENTJ 與 INFP 看似差異極大，卻能形成強烈互補：一個在前線衝刺，一個在後方穩定軍心。

第四層是能量互補（E vs. I）：E 型提供對外連結與社交能量，I 型提供安靜思考與深度判斷。當 ENFJ 與 INTP 搭配，前者主導關係與溝通，後者設計策略與邏輯，一攻一守，相輔相成。

這些互補不只是理論，也在實務中反覆驗證。關鍵在於：你不是要找一個和你一模一樣的人，而是找一個剛好補足你盲區的人。

3. 最常見的高效組合：三種黃金搭檔關係

根據 MBTI 實務分析，有幾種性格搭配在長期合作中特別容易產生高效默契與穩定輸出。我們將它們歸類為三種黃金搭檔關係：

第二節　MBTI 看人脈互補：與你合作最愉快的是誰？

(1) 視野與實踐型：ENFP×ISTJ

ENFP 充滿創意與熱情，總是有源源不絕的點子，但不擅長後勤與落地；ISTJ 重秩序、守承諾、能一步一步把事情完成。這種組合常出現在新創與執行端的搭配中，一個拋問題、一個解決問題。衝突點在於節奏差異，解法是提前界定分工邊界與回報頻率。

(2) 策略與關係型：ENTJ×INFP

ENTJ 善於制定計畫與推進目標，但在人際細節上常忽略情緒層面；INFP 敏感、深思熟慮，能在背後撐住團隊士氣並提供價值補位。這組搭檔在企業決策、教育與非營利團隊中常見。挑戰在於溝通語言差異，建議以具象例子輔助抽象價值對話。

(3) 發想與邏輯型：ENFJ×INTP

ENFJ 喜歡推動群體行動，擅長感召與對外溝通；INTP 則用冷靜邏輯優化整體流程與決策品質。他們常在教育推廣、內容開發、顧問領域形成搭配。兩人一外一內、一情一理，只要有明確對齊的價值觀，就能在同一舞臺上放大彼此能量。

以上黃金搭檔不代表唯一的好組合，而是說明一個原則：真正有效的人脈，不是總能給你肯定的人，而是能讓你做得更好的人。

4. 預見衝突點，設計關係維運機制

再互補的組合也不是沒有摩擦，事實上，互補越強，摩擦越大，因為兩人來自完全不同的思考邏輯。重要的是，你是否能預見這些衝突點，並事前設計處理機制。

例如：

- **P 型與 J 型之間常會在進度與彈性上衝突**：前者覺得後者管太多，後者覺得前者太隨便。建議一開始就協議「哪些專案有固定時間表、哪些可以彈性處理」。
- **T 型與 F 型會因為語言風格不同而誤會彼此**：T 型講結論、F 型講感受，T 覺得 F 不夠果斷，F 覺得 T 太冷血。解法是互相學習：「你是關心我，只是方式不同」，並建立情緒休息時間。
- **E 型與 I 型的衝突來自能量需求不同**：E 型需要討論與刺激，I 型需要獨處與空間。可設計「高互動區」與「安靜作業區」分流模式，讓雙方在合作中都能獲得所需的心理資源。

一段高互補關係若能穿越初期磨合期，便能進入真正的協同狀態。記得，高效合作的祕訣不是合得來，而是願意花時間調整讓彼此更合得來。

5. 找到你的關鍵互補人，打造可長可久的關係飛輪

建立高互補的人脈關係，不應該只是機緣碰巧，更應該是一項可設計的策略任務。你可以從以下步驟開始：

- **自我盤點**：明確自己屬於哪一種 MBTI 性格，並反思你在哪些任務中會「明顯力不從心」。
- **理想互補清單**：根據你缺乏的那一段能力與節奏，對照 MBTI 模型找到最能補位的性格類型。
- **關係探測與測試**：有意識地在團隊合作、社群交流、夥伴計畫中尋找這類型的人，從小任務合作開始試水溫。

第二節　MBTI 看人脈互補：與你合作最愉快的是誰？

- **節奏協議與信任建立**：一旦發現高互補對象，快速建立分工模式與互信原則，讓彼此都能在合作中感受到尊重與發揮。
- **長期深耕與動態調整**：真正優質的搭檔關係，是可隨情境與生命階段動態演化的。你們不一定永遠合作，但會彼此知道：「要一起做事時，對方永遠在。」

高互補關係，不只是合作的開始，更是彼此成長的加速器。因為當你找到那個能與你節奏合拍、能量互補、彼此尊重的人，你會發現：你不再只是孤軍奮戰的個體，而是成為可以共創價值的系統。

第五章　關係就是資產：人脈經營的心理學

第三節
如何辨識高價值人脈而非耗損型關係

1. 人際關係不是都值得投資：先釐清「高價值」的定義

在講求效率與成果的社會中，我們逐漸意識到時間與注意力是一種資源。而人際關係，正是這兩種資源最耗費的場域之一。許多人在人脈經營上越走越累，並非因為朋友太少，而是因為朋友太多卻沒有人真正能夠幫你前進。

在心理學中，有一種觀點稱為「情緒能量守恆理論」（Emotional Energy Conservation），強調每個人在關係中的投入應該產生相對等的心理回饋，否則將形成內耗與倦怠。這正是我們常說的「這段關係讓我累了」的實質根源。

那麼，什麼是「高價值人脈」？它的定義並不只是「能給我資源的人」，而是能與我互相激發、互相支持、共同成長的人。這樣的關係具有三大特徵：

- 情緒能量正向流動：與他相處後，你不會感到枯竭，反而被激勵、被充電。
- 價值觀有交集：你們不一定每件事都一樣看法，但核心理念相通。
- 互動結構是可持續的：不會一方長期付出、一方總在索取，而是有節奏的互惠。

相對地，耗損型人脈則具備以下典型特徵：

- 需要你不斷證明自己；
- 情緒勒索與無止盡抱怨；
- 沒有建設性地消耗你時間與關注；
- 當你有成長時，對方顯得焦躁或冷漠。

關係的價值，不在於交情長短或互動頻率，而在於能不能讓你變得更好，並願意一起承擔變化帶來的不確定。

2. 情緒能量的偵測器：如何用感受分辨關係品質？

心理學家芭芭拉・弗雷德里克森（Barbara Fredrickson）提出「擴展與建構理論」（Broaden-and-Build Theory），說明正向情緒能擴大人類的思維與行動範圍，使我們更具創造力、適應力與合作能力。相反地，負向情緒則會收縮認知視野，使人退縮、防禦，甚至產生心理疲乏。

這項理論提供我們一個實用的檢測機制：你與某人互動後的情緒能量，是判斷這段關係是否值得長期投資的關鍵指標。

你可以問自己幾個問題：

- 跟這個人談完天，我是更清楚方向還是更混亂？
- 我能安心地表達自己，還是必須隱藏真實想法？
- 對方會尊重我的界線，還是持續侵犯或模糊？
- 跟他互動之後，我是更想行動，還是只想逃避？

這些問題的答案，不需要分析，只需要觀察你身體的反應：肩膀是放鬆的還是緊繃的？說話是順暢還是結巴？情緒是流動還是壓抑？

第五章　關係就是資產：人脈經營的心理學

高價值人脈會讓你感覺輕盈、開闊、有力量；耗損型關係則讓你逐漸懷疑自己，甚至懷疑人性。這些徵兆一旦長期忽略，不僅會拖慢你的發展，也會讓你逐步失去經營關係的勇氣與信任。

3. MBTI 性格視角：誰讓你穩定？誰讓你失衡？

不同性格的人，在互動中自然傾向不同類型的情緒交流與關係需求。了解這些性格傾向，有助於你更快速辨識出「誰會是你的能量充電站」，又「誰可能無意中讓你消耗殆盡」。

舉例來說：

F 型人格（INFP、ENFJ 等）重視情感共鳴與價值認同。他們最怕的是被忽視、被利用或被冷處理。與 T 型過於直接且缺乏共感的人相處太久，可能會讓他們質疑自我價值。

T 型人格（INTP、ESTJ 等）則追求邏輯與效率。他們害怕不確定、不講原則的互動，若與過於情緒化或反覆無常的 F 型者相處，會感到筋疲力盡。

J 型人格（INFJ、ISTJ 等）需要規律、可預期與信守承諾的關係。他們會受不了總是拖延、無計畫、說變就變的對象。

P 型人格（ENFP、ISFP 等）則討厭被控制、被干涉節奏，若與太愛監督或強勢規定的 J 型搭配，容易產生壓迫感。

I 型人格（INTJ、ISFJ 等）擅長深度連結但社交能量有限，他們無法長時間應付高頻的表面互動；反之，E 型人格（ESFP、ENTP 等）若長期被忽略或互動冷淡，則會快速流失動能。

這些性格差異不代表誰好誰壞，而是指出：你要覺察哪些互動會讓你「過度調整自己」以配合對方。當你總是在自我壓抑中經營關係，那麼

不管對方多有資源、多有名望，都可能是一種長期耗損。

真正值得深交的人，會讓你在做自己的狀態下，仍能被看見與被尊重，而非必須假裝成另一個人才能維持互動。

4. 建立人脈濾網：設定標準，而非只是靠感覺

關係的品質可以被觀察，也可以被設計。我們需要一套「人脈濾網」，幫助自己定期盤點人際資產，將真正有價值的關係留住，把會消耗能量的連結自然放手。

以下是五個建立濾網的指標：

- **價值共識濾網**：我們是否有相似的行事原則與人際界線感？若對方頻繁越界，卻無自覺，請將他從內圈移除。
- **情緒回饋濾網**：每次互動後，你的能量狀態是上升還是下降？若總是「跟他在一起我好累」，那不是你太敏感，是你太清楚自己的情緒。
- **行動一致濾網**：他說的話與做的事是否一致？有些人話說得動聽，但從未真正出手幫你一次，這樣的「高 EQ 假互動」值得警覺。
- **資源交流濾網**：是否只有你在給？給得多的人往往不怕再給，但若發現對方從未想過給你什麼，這不是偶然，而是一種心理姿態。
- **進步節奏濾網**：他是否鼓勵你變得更好？或總是拉你下水、要你「別那麼累」？高價值關係會讓你想變強，而不是只想逃避。

這些濾網並非用來論斷他人，而是幫助你更有效選擇把時間與能量放在哪裡。就像理財一樣，人脈也是一種配置——不是分散才安全，而是集中在真正能增值的地方才有回報。

5. 篩選之外，更重要的是重建高價值人脈系統

與其一直把焦點放在「誰是耗損人脈」，不如問：「我要怎麼打造一個真正能讓我長期發展的人脈系統？」

這個系統的關鍵有三：

(1) 明確你自己是誰，才能吸引對的人靠近你

高價值人脈不只是看你的能力，更看你的「自我一致性」。當你清楚知道自己代表什麼價值、重視什麼原則、拒絕什麼行為，這種明確性本身就是一種磁場，會幫你自然過濾掉不適合的人，也讓對的人主動靠近。

(2) 建立多層次的人脈圈層

不要期待每個人都跟你成為深交，也不要放棄淺層連結的可能性。你可以設計三個圈層：

- 信任圈：能交心、能互助、能並肩走路的人，可能不超過五位。
- 合作圈：能合作、互補、共事的人，是你推案與發展的資源中介。
- 連結圈：廣泛接觸、間接交流的對象，包含社群、同溫層以外的交流點。

(3) 定期盤點與更新人脈帳戶

就像財務會計一樣，每年都該回頭看看：有哪些人默默支持你？哪些人你給了太多回應卻總感失落？哪些關係需要調整？哪些互動該停損？

這些盤點不是無情，而是負責。當你願意誠實面對自己的能量流向，才能真正掌握人生中的「關係資產負債表」。

第三節　如何辨識高價值人脈而非耗損型關係

　　高價值人脈不是交情深、互動多，而是在對的頻率上，讓彼此都能成為更好的自己。而耗損型關係不是你不努力，而是你努力得太沒效率。

　　當你學會用心理能量為單位管理關係，了解性格之間的互動機制，並建立濾網篩選系統，你就不會再被動等待誰對你好，而是主動構築一個能讓你活出高效、溫暖與穩定的支持網絡。

　　這不只是一種人脈策略，更是一種心理成熟的表現。

第五章　關係就是資產：人脈經營的心理學

第四節　經營信任的五大心理槓桿

1. 信任不是感覺，是可被觸發的心理狀態

多數人認為信任是一種「感覺」，是自然而然形成的，但心理學研究早已指出：信任其實是一種可以被有意識地建構、累積，甚至引導的心理狀態。

根據心理學家梅爾、戴維斯與斯科曼（Mayer, Davis, & Schoorman）所提出的「整合理論模型」（Integrative Model of Organizational Trust），信任建構有三大來源：

- 能力（ability）：你有沒有實力解決問題；
- 善意（benevolence）：你是否真心為對方考量；
- 誠信（integrity）：你是否言行一致、有原則。

這三者構成了信任的心理結構。信任不是單一事件建立起來的，而是累積多次經驗後，對方心中出現一句話：「我可以放心把某件事交給你。」

也因此，若你能理解不同性格如何表現「能力」、「善意」與「誠信」，並在互動中有意識地強化這三項訊號，就能用心理槓桿的方式，在不必強求的情況下讓他人逐步卸下心防，真正產生信任。

以下，我們將分別探討五種最有效的信任心理槓桿——這些策略不是話術，而是基於人類心理運作設計出來的可複製模式。

2. 槓桿一：預測性原則 ——
「你每次都這樣做」比「你做得很好」更重要

信任的第一步，不是欣賞、認同、感動，而是「可預測性」。人類的大腦天生抗拒不確定，因此若無法預測一個人的反應，就難以產生真正的信任。

這個原則在日常互動中非常明顯。你可能不一定最喜歡那個說話最熱情的人，但你會更願意合作的是那個「每次都在你說好時間內交件」的人；你可能沒和某位朋友最常聊天，但你知道「只要我需要，他一定會出現」。

MBTI 中的 J 型人格（判斷型）具備高可預測性，他們喜歡事先安排與照表操課，若能將這一點穩定展現出來，就能快速讓他人安心。但要注意的是，P 型人格（知覺型）雖不擅長計劃，卻可以透過「固定的反應機制」來建立預測性 —— 例如每次合作完都主動報告狀況、即使延遲也一定提前說明。

簡言之，你不需要完美，你只需要穩定。這就是建立信任的第一槓桿。

3. 槓桿二：語言一致性 —— 你說的，會成為別人對你的認定

語言是人與人之間最直接的心理輸出系統。心理學家朱迪思·霍爾（Judee K. Burgoon）提出「期望違反理論」（Expectancy Violation Theory），指出：人們對於他人語言與行為的一致性有潛在期望，一旦落差過大，信任感會立即崩塌。

這說明了為何「說到卻沒做到」會比「根本沒承諾」更傷人。當你的語言失去一致性，對方會感覺你不可信，甚至無法再預測你是否真心。

第五章　關係就是資產：人脈經營的心理學

MBTI 中 T 型人格（思考型）傾向說話直接、重邏輯，若能補充情緒層次與關懷語句，將讓信任更立體；F 型人格（情感型）說話重情緒與人際，但若語言與行為不一致（如說重視團隊卻常臨時消失），就會快速損毀信任。

要強化語言一致性的策略包括：

- 避免過度承諾；
- 說出你真實能做到的事情；
- 針對延遲或失誤主動說明理由；
- 讓語言風格與性格一致，不要演。

說話不必總是得體，但要真誠，因為你說出口的每一句話，都是在建立或摧毀他人對你的信任庫存。

4. 槓桿三：小信任先行 —— 從能被驗證的小任務開始

信任的第三項心理槓桿，是「小任務信任策略」。人們傾向於逐步信任，而非一次性信任。這就像是「試吃」，先從一點點開始，慢慢建立口感與熟悉度。

如果你希望建立信任，不必急著做出一個大承諾或完美表現，你只需要讓對方看到你能完成一件小事，而且做得不馬虎。

例如：在合作初期先爭取小範圍任務並完美執行；在人際關係中，主動記得對方的重要日程或回覆訊息；在社群互動中，持續分享真實觀點與反思，而非只秀成果。

MBTI 性格可以影響你選擇的小信任項目：

第四節　經營信任的五大心理槓桿

- ISTJ 適合從「持續交付」的穩定任務建立信任；
- ENFP 可從「連續情緒支持」建立黏著感；
- INTP 可用「高品質邏輯分析」累積可信任的專業性；
- ISFJ 可透過「細膩觀察與主動補位」展現貼心可靠。

重點不是你做得多，而是對方感受到你「可以被倚靠」。這種信任，一旦建立，就會像雪球一樣滾動起來。

最後兩個信任槓桿，是關係走向深度的關鍵，讓信任從對你放心到為你站臺。

5. 槓桿四：透明邊界

很多人以為不設界線是好人，其實模糊邊界才最容易破壞信任。當對方不知道你能做到哪裡、你何時會拒絕、你的原則是什麼，他們就無法放心把重要事交給你。透明邊界讓人明白你的立場與限制，也就更願意調整期望與配合方式。

- INFJ 與 INFP 常為了顧及他人而模糊界線，需練習說出「我可以做到什麼、什麼我做不到」；
- ENTJ 與 ESTJ 則需練習在設限時同時給出情緒支持語句，避免被誤解為冷漠。

6. 槓桿五：主動回應與前置回報

根據互惠原則，當你主動為對方做出一些小回應或前置幫助（例如：事前提醒、事後追蹤、適時感謝），你會讓對方產生「我與你是對等的夥伴」的心理印象。

第五章　關係就是資產：人脈經營的心理學

這種回應不需要昂貴，只需具備三個元素：

- 即時：不要讓對方等你太久；
- 個人化：讓人感覺你是真的記得他；
- 帶節奏：讓下一步行動更清晰，維持互動連貫性。

當你建立這五項槓桿，你就會發現：信任不再是不可控的緣分，而是可設計的關係資產。你不再被動等待誰願意相信你，而是主動建立讓他人願意相信的心理條件。

信任是一種心理槓桿，從可預測性開始，經由語言一致、小任務驗證、界線透明與主動回應，層層累積，最終形成一種看似自然，實則精心設計的人際磁場。

這種磁場，能讓你在人脈場域中被選擇、被依賴、被推薦。這不僅是能力的象徵，更是一種人格特質的展現。

第五節
從連結到合作：讓人脈產生現金流

1. 只有信任，沒有設計，是不會變成成果的

許多人在人脈經營上最常面對的困惑是：「我認識很多人，也很常幫忙，為什麼總是沒有實質成果？」這個問題背後，其實反映出一個心理與策略的落差——你的人際互動可能只有連結，卻沒有轉化機制。

在心理學上，連結是一種社會動力；而合作則是一種行為結構。兩者之間需要一個「轉化系統」：它可能是具體的專案合作、明確的資源交換機制，或是一套可預測的角色搭配關係。若沒有這樣的機制，再高頻的互動也只會停留在「熟識」階段，無法轉化為成果與資源流動。

印象管理理論中提到，人際關係的深入，需要「社會角色明確化」，也就是雙方都清楚彼此能提供什麼價值、需要什麼協助、期待什麼交換。若這些條件模糊不清，即使彼此好感很高，也無法進入合作狀態，更別談產生現金流。

要讓關係轉為合作，第一步就是放下「交朋友」的思維，而是進入價值交換的結構設計。這不等於功利，而是讓對方清楚看見：和你合作，不只是情分，還有成果。

2.「關係現金流」的心理學原理：互惠、預期與信任密度

社會心理學家 Gouldner 提出「互惠規範」理論時指出，人類社會的穩定性，來自一種普遍存在的心理期待：當我幫助你，我期待某種形式的回報——無論是情感、資源或合作機會。

第五章　關係就是資產：人脈經營的心理學

這種互惠期待若被善意處理，就會轉化為長期合作的信任基礎；但若沒有被覺察或經營，反而會變成人際衝突的導火線。

在關係變成現金流之前，有三個心理機制需要建立：

(1) 預期透明

讓對方知道你希望的不是「請你幫我」，而是「我想跟你合作創造某種價值」，這種語境的轉換，會讓對方從「應付你」變成「評估合作可行性」。

(2) 信任密度

信任不是單一情感，而是「可預測性 × 積極回應 × 情緒穩定性」的綜合體。也就是說，對方需要相信你會如期完成、面對問題會處理、溝通不會突然失聯。這些都不是個性問題，而是可以被設計的互動節奏。

(3) 成果可見性

若你過去曾在合作中讓對方產生成果，即使規模不大，也會提升未來他人願意參與的機會。這是社會心理學中的「價值印記效應」——人們更願意與過去有成功經驗的對象再次合作。

這些心理因素會形成一種內在「合作指數」，當指數升高，你就不再只是朋友名單上的一個聯絡人，而會成為「值得對話、值得連結、值得產生交集」的夥伴。

3. MBTI 與合作模式的設計：性格互補才有行動效率

你是否有過這種經驗：跟一個很聊得來的人合作，結果卻一塌糊塗？相反地，有些人一開始很難親近，但一旦合作起來，卻非常流暢？這背後的關鍵，其實就在於 MBTI 性格的互補性。

第五節　從連結到合作：讓人脈產生現金流

在高效合作中，並非「價值觀相同」最重要，而是「行動節奏互補」與「角色清晰分工」。

以下是幾組常見的 MBTI 合作搭配建議：

- E 型（外向）×I 型（內向）：前者推動進度、掌握關係，後者規劃細節、穩定節奏；一動一靜，適合分工合作型任務。
- N 型（直覺）×S 型（感官）：N 負責策略與創意設計，S 落地執行與風險控管；兩者結合可避開理想主義或細節泥淖。
- T 型（邏輯）×F 型（情感）：T 做決策框架與資料分析，F 維持團隊情緒與溝通溫度；避免團隊兩極偏誤。
- J 型（計畫）×P 型（彈性）：J 做流程與時程規劃，P 保持創意流動與現場應變力；適合應對動態專案或創業環境。

當你了解自己的 MBTI 類型，並知道哪些人能形成「合作型互補關係」，你的人脈連結就不只是陪你吃飯喝酒，而是能進入實質產值關係的資產夥伴。

4. 從好感到合作的轉換流程：信任變現的三階段模型

關係變現不是一場交易，而是一條路徑。你無法「要求」別人跟你合作，但你可以「設計」一套讓合作自然發生的結構。

這裡提供一套心理學與實務整合的「信任變現三階段模型」：

第一階段：社會熟悉期（Familiarity）

這是人際關係中的「可接近性建構期」。你要讓對方對你有初步好感與可預測性，包含出現頻率、穩定反應、風格一致。這時的重點不是推銷，而是讓人知道你是誰、做什麼、如何互動。

133

第五章　關係就是資產：人脈經營的心理學

關鍵動作：

- 積極參與公開對話（如社群互動、留言、回應）
- 建立個人品牌辨識度（如個人主頁、簡介敘述、內容風格）

第二階段：價值輸出期（Contribution）

在此階段，你要開始展現「非交換性價值」——主動給予、有結構地幫忙、回應具參考價值。這是一種心理投資，讓對方開始把你標記為「有用、有料、值得信任」的人。

關鍵動作：

- 提供資源連結、知識整合、觀點貢獻
- 協助對方達成目標，不求立即回報

第三階段：結構提案期（Collaboration）

這時你可以進入合作提案階段，提出具體可行的合作選項，而不是籠統地說「我們可以一起做些什麼」。若前兩階段完成得好，這時對方通常已具備心理接受門檻。

關鍵動作：

- 拿出具體、可實踐、雙方角色明確的提案
- 提供小規模試行選項，建立初步成果信任

這三階段不是線性，而是可以循環進行。重點是，你要有「結構思維」，而不是情感綁架。關係要產生現金流，靠的從來不是「我們認識很久」，而是「我們之間，有明確角色與成果機制」。

第五節　從連結到合作：讓人脈產生現金流

5. 人脈的終點不是熱絡，是可持續的合作收益模式

讓我們來看一個真實案例：

臺灣一位原本任職外商行銷部門的女性，因疫情轉職成為自由顧問。她並沒有龐大的人脈資源起家，但她做了幾件關鍵行動：

她根據自己 MBTI 的 INFJ 特質 —— 善於洞察與整合 —— 每天固定在社群發表對行銷策略的分析與反思文章；

她主動為過去的同事整理免費的品牌健檢模板，並以無償方式幫兩位創業中的朋友設計品牌故事；

三個月後，她在社群累積了穩定讀者，這兩位創業朋友更主動推薦她給其他老闆 —— 她開始有穩定的顧問案件；

半年內，她設計出三種合作模式（單次品牌診斷、月顧問、教練式方案），並將報價表系統化；

一年後，她不再只是「大家認識的誰誰誰」，而是進化成「在特定領域有明確角色與成果的合作對象」。

這不是關係變現的神話，而是一套人格型經營邏輯下的穩健變現歷程。

你不需要變得很會交際，也不需要大量人脈。你只需要三件事：

- 準確定位你的性格優勢（MBTI 為基底）
- 系統化你能提供的價值與合作方式
- 設計出讓別人「敢合作、想合作、能合作」的流程

當這三件事到位，你的人脈就會從資料庫轉化為資產庫；從社交工具，升級為現金流引擎。

135

第五章　關係就是資產：人脈經營的心理學

　　人脈不在多，而在精；不在聊得來，而在做得起事。最終，只有那些能進入實際合作場景，產生可預期現金流與持續價值交換的關係，才真正構成你的「人際資產」。

　　這不只是社會能力，更是心理素質的整合成果。若你願意從MBTI理解出發，搭配互惠心理與行為結構設計，你就能把「你認識誰」變成「誰想跟你一起做事」，甚至進一步變成「誰會主動幫你賺錢」。

　　這，就是性格致勝的真正終點。

第六章

人際影響力與社會定位

第六章　人際影響力與社會定位

第一節
社會比較理論：你與誰比較，就會成為誰

1. 每個人都在比較，只是方式不同

在你滑開社群的那一刻，其實已經進入了社會比較的場域。你看到朋友升職、旅遊、健身成果，你會開始回頭審視自己；你看到某位業界同儕發表文章、登臺演講、被媒體專訪，你不一定嫉妒，但一定會產生「我做得夠不夠好」的內在提問。這不是你的問題，而是人類天生的心理機制。

社會心理學家里昂・費斯廷格（Leon Festinger）於 1954 年提出「社會比較理論」（Social Comparison Theory），指出：人類有一種內建動力，會主動透過比較來確認自我定位與價值。也就是說，我們會根據他人的表現、生活狀態或社會位置，來調整我們對自己的評價與努力方向。

但比較不是壞事。真正的問題，是我們不知道自己正在跟誰比較、為什麼比較、以及比較後採取了什麼行動。

MBTI 性格模型則提供了另一個角度：不同性格的人，在比較過程中會關注不同的面向。感覺型（S）會比較具體成就與外在成果，直覺型（N）則更在意願景與長期意義；情感型（F）傾向用情緒評價自己，思考型（T）則看邏輯與輸出效率。

也因此，你與誰比較，就會決定你往哪裡走、走多快、走得多像。

2. 向上比較與向下比較：啟動動力還是摧毀信心？

社會比較主要分為兩種形式：向上比較（upward comparison）與向下比較（downward comparison）。向上比較是將自己與「比自己優秀的人」相比，向下比較則是與「比自己條件差的人」相比。兩者會產生完全不同的心理效應。

向上比較的正向效應，是激發動機與模仿欲望。當我們看到一位背景相近的朋友成功創業，我們可能會思考：「如果他可以，我應該也可以試試看。」這種比較會激起挑戰心與企圖心，促進行動。

但當向上比較產生的是「我永遠也比不上他」的結論時，就會轉化為自卑、無力與焦慮。這常發生在社群平臺的沉浸使用者身上，尤其是情感型人格（F）與內向型人格（I），更容易將他人光鮮亮麗的樣貌視為自己缺失的放大鏡。

而向下比較的表面優勢，是提升安全感與滿足感，例如：「至少我還比某某穩定」、「他都可以混下去，我應該還不錯」。但長期依賴這類比較，會讓人停止成長、自我安慰、逃避挑戰，甚至陷入道德優越感。

你與誰比較，最終會形成一種「隱性認同框架」——你覺得你該成為那樣的人、該過那樣的生活、該被放在那樣的位置。若沒有意識地選擇比較對象，你就會不知不覺走進一條不是為你量身訂做的道路。

3. 比較不是問題，缺乏覺察才是風險

在大量社群互動與公開數據的時代，我們處在一個永遠可以「看到更好的人」的環境中。只要你想比較，你永遠都能找到比你更成功、更漂亮、更有錢、更快升遷的人。問題是：你真的想過你為什麼會被他們影響嗎？

第六章　人際影響力與社會定位

社會比較不是單純的觀察行為，而是一種關於自我認同與未來選擇的心理工程。心理學家塔瑪拉・費斯特（Tamara J. Ferguson）提出一種叫做「比較取向」（Comparison Orientation）的概念，指出有些人天生較容易受到外部刺激影響，有些人則能更穩定地保持內在標準。

MBTI 性格在這點也有明顯差異：

- E 型人格較容易受到群體認可與同儕評價所影響；
- I 型人格雖看似不在意，但若未建立穩固內在目標，則容易在內耗中自我否定；
- J 型人格喜歡有進度、有對標，因此常與「同類中跑得最快的人」比較；
- P 型人格偏好自由，但一旦壓力臨身，容易將比較對象內化成焦慮源。

因此，比較行為的真正風險不在比較本身，而是當你不自覺地被牽動，而沒有建立清楚的心理邊界與自我認定。

唯有覺察，我們才能選擇性比較，並讓這種心理動力成為助力而非絆腳石。

4. 選擇比較對象，就是選擇你的人生路徑

美國作家詹姆・柯林斯（Jim Collins）曾在《從 A 到 A+：企業從優秀到卓越的奧祕》中提出：「你該坐在正確的人旁邊，因為那會決定你看見的是什麼風景。」這句話同樣適用於個人發展。

如果你總是與消極者比較，你只會覺得「我還行」；若你常與進取者對齊，你會逼自己「跟得上」。但更深層的是：你選擇比較對象的方式，其實反映了你潛意識裡認定的自我定位與潛能邊界。

舉例來說，若一位 ENFP 個性的人總是將自己與細節控的 ISTJ 比較，他可能永遠覺得自己效率低下、做事不扎實；但若他選擇與創新思維者比較，可能會激發他發展出更強的概念整合與內容設計能力。

或一位 ISFJ 個性的人，若一再拿自己與社交型的 ESFP 比較，只會覺得自己不夠外放、不夠能幹；但若他選擇觀察那些以穩定性、陪伴力與責任感聞名的角色模型，他就能更安心發展自己的核心優勢。

比較對象，就是你內心的「默認人生劇本」。選對人比努力重要，因為錯誤的比較會讓你跑錯方向，最後再拼命補救。

5. 設計你的比較框架，讓比較成為前進動力

與其告訴自己「不要比較」，不如學會「怎麼比較」。你需要建立一個清醒且對你有利的比較系統，以下是三個實用策略：

(1) 建立三層比較圈

- 第一層是同階層比較：看你現階段的同業、同齡、同行表現在哪裡，有助掌握市場節奏；
- 第二層是理想典範比較：觀察你希望成為的那類人物，思考他們在你這個階段時做了什麼選擇；
- 第三層是歷史比較：與過去的自己相比，看見成長、確認軌跡，這是最強的自我定位法。

(2) 為比較設定條件與週期

不是每天都要比。你可以一季或半年檢視一次進度與參照物，並設定比較的項目：收入、作品量、曝光率、關係深度……選你在意的，不是選大眾的。

(3) 用 MBTI 做差異框架設計

知道別人成功的方式與你性格是否適配。例如 ESFP 的快速反應與魅力行銷可能不適用於 INTP 的長期策略與深度內容。了解差異，才不會拿別人的優勢否定自己的獨特性。

當你掌握這些策略，社會比較就不再是焦慮的來源，而是你設定方向、優化策略與確認自我位置的強大工具。

你與誰比較，最終會決定你變成怎樣的人。而你能決定的是：選擇一個值得成為的版本，然後與那個版本對齊。

第二節
印象管理與第一印象心理學

1. 為什麼第一印象總是這麼重要？──首因效應的心理邏輯

在人際互動中，我們總是高估對方的判斷力，低估自己形象的可設計性。實際上，第一印象一旦建立，後續認知就會進入「確認偏誤」狀態。也就是說，當一個人對你產生某種初步印象後，會不自覺尋找與此印象相符的證據，進一步加強或合理化那個判斷。

這就是心理學所謂的「首因效應」（Primacy Effect）。研究顯示，人們在見面後的前七秒內，便完成對對方的基本印象判斷，包括可信度、吸引力、能力與親和力。這種反應不只是主觀感覺，而是大腦快速掃描的演化結果，源自我們對「潛在風險或機會」做出的即時評估。

更關鍵的是，第一印象往往具有「長尾效應」。即便後續行為與最初印象不一致，我們仍傾向用原本的標籤去解釋異常情況。換言之，第一印象就像一張定義你社會角色的門票，它決定你接下來能不能說話、被怎麼對待、進不進得了那個圈子。

在這樣的心理背景下，印象管理便不是表面的包裝，而是一種對社會心理預期的掌握能力。當你知道他人是如何快速處理「你是誰」這個訊息，你才能主動設計出一種「讓真實的你被有效接收」的策略。

2. 第一印象的心理機制：從知覺到標籤的過程

當我們第一次見到某人，大腦會迅速啟動兩個認知過程：知覺解碼與分類貼標。這過程在社會心理學中稱為「快速分類系統」（thin-slic-

第六章　人際影響力與社會定位

ing），意指人類根據極少資訊做出準則性的社會判斷。這些判斷來自三大面向：

- **外貌與穿著**：這是最早進入視覺通道的訊息。乾淨整齊、與場合相符、體態與氣場是否一致，會影響他人對你專業度與階級的認知。
- **語言與語氣**：你說話的語速、用字、情緒表現，都會被對方潛意識判斷為「這個人有沒有自信、有沒有誠意、有沒有文化」。
- **肢體語言與眼神接觸**：心理學家艾米・卡迪（Amy Cuddy）在 TED 演講中指出，「開放的肢體語言」會強化可信度，而「收縮的身體姿態」會被視為不自信或不透明。

這三種訊號會在對方大腦中交織出一組主觀感受，並套上標籤，例如：「這個人看起來像是創業家」、「這個人像老師」、「他感覺有點防備」、「她讓我感到放心」等。

更進一步的心理學研究發現，這種初步標籤一旦建立，就會啟動選擇性注意（selective attention）與認知偏誤（confirmation bias）機制，也就是說，對方會開始只看見那些符合他對你標籤的證據，忽略其他訊息。

這也解釋了為什麼第一印象一旦失敗，很難扭轉；但一旦成功，後續的行為反而被正向詮釋。這種效應被稱為「光環效應」（halo effect）。

3. 性格與第一印象：每一型都有天然優勢與誤解風險

不同 MBTI 性格類型，在第一印象形成時會自然帶出特定特質，但這些特質常常也會被誤解。若不了解自己的性格天賦與潛在風險，就容易在重要場合被誤判、錯失機會。

舉幾個典型性格為例：

第二節　印象管理與第一印象心理學

- ESTJ 給人果斷、有組織的印象，但若太過於快速決斷，容易被誤解為強勢或冷酷；
- ISFP 散發溫柔與藝術氣質，但若話少或觀望過久，會被認為消極或缺乏主見；
- ENFP 容易一見如故、熱情開場，但若節奏控制不好，會被認為過於浮動或難以持續；
- INTP 邏輯清晰但反應慢半拍，有時在公開場合被誤解為不合群或難以互動；
- INFJ 有深度、態度溫和，但容易被誤認為冷淡或距離感強；
- ENTP 表現幽默、即興感強，卻可能在保守場合中被標籤為不穩定。

你不需要改變性格來配合別人，但你可以用性格優勢做印象強化，用策略行為降低誤解機率。例如：

- INTJ 可以提前預演關鍵對話，補足即時表達的不足；
- ENFP 可以設計一個「讓自己慢下來的開場提問」以避免太快進入個人情緒；
- ISFJ 可以準備幾個有質感的觀察問題，展現細緻而非沉默；
- ESTP 可以練習「讓對方先講五分鐘」，避免過早展現主導欲望。

印象管理不是裝，而是讓你的真實被準確接收。

4. 好印象之後：讓第一印象變成長期信任

很多人以為第一印象是一種「快閃行銷」，但其實真正厲害的印象管理，是把短期印象延伸為長期信任關係。這需要兩件事：一致性與延續性。

第六章　人際影響力與社會定位

　　一致性指的是，你在第一次見面展現的氣質、態度與價值觀，在後續互動中是否維持。如果你第一次讓人感覺溫和親切，之後卻突然變得強硬冷淡，那麼對方會產生「這個人不穩定」的印象反差，反而更難信任你。

　　延續性則是，你有沒有在第一次互動後設計一條「繼續被記得」的行動路徑。這可以是：

- 主動 follow-up（回信、訊息、留言）；
- 提供一個有關聯的資源（文章、書、工具、人脈）；
- 在一週內安排一個可實作的二次互動（共筆、合作邀約、交換想法）。

　　這些行為都會讓對方覺得：「這個人不是只來打招呼，他是真的想建立什麼。」這樣的感覺才會讓第一印象升級為個人品牌原點。

　　而 MBTI 在這階段也扮演重要角色──有些性格擅長開場（如 E 型、N 型），但不擅長收尾；有些性格擅長陪伴（如 F 型、J 型），但缺乏主動延伸的習慣。了解自己的這些傾向，有助於你設計一條「不違背自己性格、又能放大信任的行動節奏」。

5. 用設計思維打造你想被記住的樣子

　　與其讓別人亂猜你是誰，不如你主動定義「你想被誰怎麼記得」。這就是印象管理的最後一個槓桿──用設計思維建構個人形象原型。

　　設計思維（Design Thinking）強調使用者觀點與可驗證路徑。應用在印象管理上，就是：

第二節　印象管理與第一印象心理學

- **觀察場域**：我出現的這個環境中，人們在看什麼？重視什麼？排斥什麼？
- **調整對象**：我的目標人群是誰？我希望留下什麼印象給他們？他們信任什麼樣的特質？
- **設計節奏**：我打算如何開場？用什麼語言與肢體語言？多久一次回應？用什麼媒介延續連結？
- **測試回饋**：別人怎麼描述我？我是否從這些描述中看見「我以為我在傳遞 A，但對方只接收到 B」的落差？

這些問題會讓你的印象管理更有系統、更貼近現實需求，也更容易「保持真誠但具影響力」。

當你理解印象形成背後的心理機制，明白自己的性格如何影響他人接收訊號，再搭配具體行動設計，你就不再只是等待被認識的人，而是主動掌握自己在人際世界的第一筆資本——被看見的方式。

第三節
操縱與影響的界線：如何有力量但不令人討厭

1. 為什麼影響力與操縱常被混為一談？

當我們說某人「很有影響力」時，可能帶著崇敬；但當說某人「很會操縱人心」時，卻常帶著負面評價。事實上，這兩者在心理運作上，有著極為相似的結構：都涉及資訊控制、情緒引導、觀點輸出與行為預測。但為什麼一個被尊敬，一個被防備？

答案在於：是否尊重對方的自由意志與邊界。

社會心理學家羅伯特・席爾迪尼（Robert Cialdini）在其經典著作《影響力》中指出，影響力來自六大原則——互惠、承諾一致、社會認同、喜好、權威與稀缺。這些原則本身沒有道德屬性，關鍵在於你如何使用。

- 當你讓對方「自願選擇」，你是在影響他。
- 當你讓對方「被迫迎合」，你就在操縱他。

而這兩種方式在表面上可能極為相似，但背後動機與關係後果卻天差地遠。

在高敏感社會與資訊爆炸時代，人們比過去更警覺，也更懂得保護自己的心理邊界。這意味著：你要有影響力，不是靠話術，而是靠關係裡的透明、同理與一致性。否則，你只會成為被識破的操控者，進而被社會孤立。

2. 操縱的五種心理特徵：你正在踩線嗎？

在判斷一段互動是否進入操縱區域時，我們可以觀察幾個關鍵心理訊號。這些訊號若持續出現，往往代表對方已感受到你不再是影響，而是在控制。

(1) 隱性威脅感

你說的話讓對方產生「若不照做會受損」的情境壓力，哪怕你語氣再溫柔。像是：「這件事如果不成，可能會對我們雙方都不太好看。」

(2) 情緒勒索

以情緒作為槓桿，引發對方罪惡感、焦慮或自責，例如：「你知道我多努力，結果你卻不支持我，真的很讓人寒心。」

(3) 資訊不對等與刻意模糊

當你刻意只講一半、扭曲重點、選擇性陳述以引導對方決策，那就是一種心理操控。例如：「你就先簽，細節後面再談。」

(4) 控制回應空間

操縱者常會要求立即回應、不給對方思考時間，例如：「我現在就要答案，這是你表現誠意的時候。」

(5) 道德綁架

把價值標準套在對方頭上，使其不從就會顯得自私、無情、不夠意思。例如：「你不是說你重視朋友嗎？那你怎麼能拒絕我？」

若你在互動中常使用這些語言結構或情境設計，就算你的出發點是善意的，對方也可能感受到壓迫與反感，最終導致信任破裂與關係崩盤。

3. MBTI 性格與影響風格：你的力量來自哪裡？

不同性格影響他人的方式也不同，有些人靠邏輯、有些人靠情感，有些人靠氣場、有些人靠傾聽。MBTI 提供我們一個清楚的結構理解：哪種性格如何施力最自然，哪種模式最容易過度。

- T 型人格（如 INTJ、ENTP、ESTJ）習慣以邏輯、資訊、策略輸出影響他人。若過度使用「你應該照這邏輯做」，容易讓對方感覺自己被否定、被壓制。
- F 型人格（如 ENFJ、INFP、ISFJ）傾向用情緒理解與關懷建立影響。他們可能無意中讓對方產生「我若不配合你，就讓你受傷」的心理負擔。
- J 型人格（如 INFJ、ISTJ、ENTJ）擅長規劃與導引節奏，常在團體中擔任主導者。若缺乏協商空間，容易讓人覺得「我只能照你設計好的劇本走」。
- P 型人格（如 ISFP、ENFP、INTP）透過靈活性、創意與情緒流動建立吸引力，若為了達成目的過度模糊立場或迴避責任，則會讓人感覺不可靠、情緒操縱。

了解自己的影響風格有兩個好處：

- 你可以放大自然影響力，而不是模仿別人；
- 你可以預防自己的優勢變成壓力來源，進而跨越信任界線。

4. 建立健康影響力的四個核心原則

如果我們希望擁有影響力，但又不想落入操縱的陰影，那麼你需要一套符合心理學與道德原則的行動準則。

(1) 同理，而非引導式解釋

先問：「你現在最在意的是什麼？」而不是「你應該這樣想」。真正的影響是建立在「我懂你在意什麼，我也願意協助你從你的立場出發」的語言。

(2) 給選擇，而不是只給答案

操控者只會說：「你只能選 A」，有影響力的人會說：「我看到幾個可能，我個人偏好 A，但你可以選擇 B 或 C。」這不是技術，而是一種尊重。

(3) 表達意圖，而不是隱藏目的

你可以說：「我希望你加入，是因為我真的需要你的專業，而不是因為我想利用你的資源。」當你讓對方知道你不是要操控，而是希望共好，他們反而更願意投入。

(4) 允許說不，而不是默認答應

當你說：「我知道這有點突然，你可以思考一下，若你不方便，我完全理解」，你就是在表達：「你的意願比我的需求更重要」。這會讓信任加倍。

這些原則看似簡單，但正是影響與操縱的分水嶺。你要的不是控制別人走你要的路，而是創造一條讓彼此都能走得穩、走得甘願的路徑。

5. 有影響力，但不令人討厭的實踐策略

想成為一個讓人願意靠近、也願意被影響的人，你需要的不只是說話技巧，而是心理一致性、角色覺察與策略選擇。以下是三個可持續實踐的建議：

(1) 建立角色安全感：讓人知道你不是來奪權，而是來協助

在人際互動中，最讓人防備的是「這個人會不會想掌控我」的直覺。如果你能持續展現「我提供資源，但你保有選擇權」的行為模式，你會在潛意識中獲得他人信任。

(2) 練習非權力語言：用邀請而非命令的語氣說話

例如：「我們一起來討論看看有沒有更好的方法」，比「你應該改這個比較好」更容易被接受。你不是要讓對方輸，而是要讓彼此贏。

(3) 定期回頭自問：我是為了誰的利益而說這句話？

如果你的出發點總是為了讓對方更清楚、更自在、更有力量，那麼即使對方短暫抗拒，長期也會信任你。真正的影響力，是一種願意讓對方變強，而不是只讓自己變大的力量。

影響與操縱的界線，從來不是語氣，而是動機；不是技巧，而是關係的透明度。當你願意放下控制的欲望，轉而用誠實、同理與選擇權來引導對方，你就會發現：影響力不是來自「讓人服從你」，而是來自「讓人選擇你」。

你可以很有力量，也可以很受歡迎，關鍵在於你是否願意讓別人的意志在關係中被看見。真正長久的影響力，就是讓人願意因為你，而成為更好的自己。

第四節
說服心理學：從潛意識影響決策

1. 決策不總是理性：潛意識主導了我們的大多數選擇

你以為你是用理性做決定的，其實你大多數時候是「覺得可以」就答應了。

心理學家丹尼爾‧康納曼（Daniel Kahneman）在其著作《快思慢想》中提出，人類思考分為兩個系統：系統一（快速、直覺、潛意識）與系統二（緩慢、理性、分析）。多數日常決策，其實都來自系統一 —— 也就是潛意識快速運作下的感覺判斷。

當我們面對一個邀請、提案、說服，除非其後果極大或情境極陌生，否則我們傾向根據「感覺」先下結論，再用「理性」找理由來支持那個決定。

這正是說服心理學的本質：真正有力的說服，不是提供更多數據，而是建立一種潛意識願意接受的情境與感受。

這也是為什麼，懂得說服的人從不只是說得多，而是「讓你不知不覺點頭」，讓對方在沒有壓力的狀態下自願靠近你的想法。

說服不是操控，而是打開一條通道，讓對方從你給的角度看世界，並從那個視角自發做出決定。

2. 雙歷程模型：從周邊線索到中心路徑的選擇機制

說服心理學中最具代表性的理論之一，是佩蒂（Petty）與卡喬喬波（Cacioppo）提出的「雙歷程模型」（Elaboration Likelihood Model, ELM）。

第六章　人際影響力與社會定位

這個理論指出，說服主要透過兩條路徑影響決策：

- **中心路徑**（central route）：對方會認真思考你提出的資訊、邏輯、證據，進行深度加工後才做出決定。這條路徑適用於對議題投入度高、需要做長期承諾的情境（例如投資、合作計畫）。
- **周邊路徑**（peripheral route）：對方不會深入思考內容，而是根據說話者形象、語氣、情境氣氛、群體態度等線索做出快速判斷。大多數日常購買、社交互動、臨時合作邀約都屬此類。

研究發現，真正有效的說服往往發生在周邊路徑，因為這是對方心理最鬆動、最容易被感染的位置。

這也提醒我們：你若想有效影響對方，不該只注意你說了什麼，更要注意你在什麼狀態下說、對方是誰、當下情境如何、他怎麼感覺你。

說服不是說服對方的理性，而是說服對方的潛意識「這是個不錯的選擇」。

3. 六大影響槓桿：你不必說得多，只要說得準

根據羅伯特‧席爾迪尼的研究，說服力的運作可以簡化為六大心理原則，這些原則與其說是技巧，不如說是人性中普遍存在的「預設反應機制」。

- **互惠**（Reciprocity）：你先給，對方就想回應。這也是為什麼「送免費體驗」總是有效，因為人不喜歡欠人情。
- **承諾與一致**（Commitment & Consistency）：一旦對方說出「我同意你講的某一點」，他就傾向持續支持你的論點，以維持自我一致性。

第四節　說服心理學：從潛意識影響決策

- **社會認同（Social Proof）**：你不是說自己多好，而是展示別人怎麼選擇你。證言、案例、推薦都是這一類。
- **喜好（Liking）**：人會被他喜歡的人說服，因此你的親切、幽默、共感能力，常常比專業更重要。
- **權威（Authority）**：若你有某種信任象徵（例如頭銜、背景、合作品牌），對方潛意識會判斷你更可信。
- **稀缺（Scarcity）**：當你說「這個方案只開放到今晚 12 點」，對方不會思考內容，只會思考：「我不想錯過」。

這六大槓桿雖然人人可用，但若與 MBTI 性格特質搭配使用，將更有力量。例如：

- F 型人格適合強化「喜好」與「互惠」；
- T 型人格可發揮「權威」與「一致性」；
- N 型人格善用「社會認同」與願景感；
- J 型人格則最適合設計「稀缺」與節奏邏輯。

說服不是用來贏過對方，而是幫助對方完成他本來就想做但還沒找到理由去做的選擇。

第五節
MBTI 與領導風格對照：內向者也能帶出一群人

1. 領導不只是魅力外放，更是能量穩定的影響力

在多數人的想像中，領導者總是高談闊論、能言善道、擅長社交的典型外向人格。他們在舞臺上發光發熱，在會議中主導發言，似乎「能說話」與「帶領人」是劃上等號的。然而，心理學與管理研究早已指出：真正能穩定產出影響力的領導者，不一定是最外放的人，而是能整合人心與清晰決策的人。

根據《哈佛商業評論》的一項研究指出，內向型領導者在面對主動性高、需要自主發展的團隊時，表現反而優於外向型領導者。因為他們傾向傾聽、深思熟慮、避免過度干預，讓團隊成員有更高的參與感與成就感。

MBTI 性格模型中的 I（內向）類型 —— 如 INTJ、INFJ、ISTJ、ISFJ 等，雖在人際互動上不如外向者自然，但卻擁有強烈的內在邏輯、責任感與自律性，這些特質在領導情境中，會轉化為穩定的方向感、強大的執行力與令人信賴的節奏。

真正的領導力，不是聲音最大、掌聲最多，而是在關鍵時刻，團隊願意跟隨你、信任你、等你開口的那份分量。

2. 內向者的五種領導資產：從靜默中長出的力量

若以領導力為核心目標，內向者其實擁有五種強大而常被低估的優勢：

第五節　MBTI 與領導風格對照：內向者也能帶出一群人

- **深度思考能力**：內向者習慣在行動前反覆內省與推演，這種思維習慣使他們在決策時更具風險意識與前瞻性，適合做關鍵方向的判斷與長期路線設計。
- **高度傾聽能力**：相較於外向者容易主導對話，內向者更擅長傾聽、觀察語氣與細節，這讓團隊成員感到被理解與尊重，有助於建立心理安全感與忠誠度。
- **情緒穩定與不躁進**：內向者不輕易被外部刺激牽動，因此在高壓或危機時刻更能保持冷靜、做出理性反應，是危機領導中的穩定器。
- **自律與責任導向**：多數內向者有高度自我要求與時間管理能力，能為團隊建立清楚的標準與節奏，帶出紀律型文化。
- **不爭光、成就團隊**：內向者不太追求舞臺焦點，反而更傾向讓團隊成員出頭，這種「去領袖中心化」的風格，反而讓團隊更有自我動能。

這些特質不見得在短時間內吸睛，但會在長時間累積下，形成人望與信任，這才是真正能帶人走遠的領導根基。

3. MBTI 領導風格對照：每種性格都有專屬帶人方式

MBTI 不是用來決定誰適合當領導者，而是幫助我們了解：你會用什麼方式去影響他人、形塑決策與帶領團隊。以下是常見幾種內向型人格的領導風格特色：

INTJ：策略型領導者

擅長建立遠景與結構，思維縝密、效率導向。他們在理性決策與計畫推進上表現出色，適合創新專案或需要長期籌劃的組織變革任務。

第六章　人際影響力與社會定位

INFJ：願景型領導者

帶有理想主義與高度同理心，擅長用故事與價值觀整合團隊，常成為組織內的文化塑造者與情感支柱。

ISTJ：制度型領導者

重視紀律與流程，可靠、實際，能穩定地執行策略。他們適合在需要維持高精度與執行落地的團隊中擔任中樞角色。

ISFJ：服務型領導者

默默為團隊付出、細膩照顧人心，是典型「先把事情做完再說」的領導者。他們適合負責人力、後勤、關係維護等角色，建立高度信任與向心力。

這些風格不同於外向者的魅力式領導、即興風格，但卻能在不同場域中扮演穩定、長效、深耕的關鍵角色。

4. 讓內向型領導力被看見的三項策略

儘管內向者有強大領導潛能，但在充滿表現焦點與外向偏好的社會文化中，仍需透過策略設計來讓自己的價值被更有效地看見與傳遞：

(1) 設定「節奏性出現」機制

你不必天天在社群曝光或參與所有會議，但可以規劃固定頻率的表達節奏──例如每月一次團隊共學、定期簡報、或以書面形式溝通策略。讓團隊知道你始終在場，只是不擅喧嘩。

(2) 善用「內容型影響力」打造信任資本

內向者可以透過寫作、系統圖解、提案簡報、回顧筆記等輸出，展現你的邏輯能力與策略深度。這種「不透過聲音，但視覺化信任」的方式，能讓人理解你說得少但思考深。

(3) 打造「一對一深度信任連結」

相較於公開表達，內向者在私下互動中更具影響力。你可以刻意經營團隊關鍵成員的深層對話，從信任種子發芽，再慢慢擴散影響層。

領導不需要改變性格，而是在自己的節奏裡設計出讓他人願意靠近與跟隨的行為模型。

5. 重新定義領導：讓人跟隨你，不是因為你會說，而是因為你能承擔

領導的本質，不是管理他人，而是為他人提供方向、穩定與安全感。你帶人，不是因為你講得多好，而是因為當大家感到不確定時，他們知道你會挺在前方，並做出該做的選擇。

內向者最擅長的，不是在群體中爭奪關注，而是在複雜中理清方向、在情緒中保持理性、在關係中展現細緻。這些都是真正領導力的結構核心。

你不需要成為最閃亮的那個人，只需要成為別人願意倚靠與信任的那個人。當你擁有穩定的性格根基與策略性的溝通節奏，你的團隊自然會圍繞著你建立節奏與秩序。

內向不是限制，而是一種風格；它不是領導的反面，而是另一種深度版本的領導。只要你願意看見自己、設計節奏、承擔責任，你就能證明一件事：不是只有外向者能帶人，內向者也能創造眾人願意跟隨的場域──而且更深、更穩、更久。

第六章　人際影響力與社會定位

第七章

目標設定與意志力設計

第七章　目標設定與意志力設計

第一節
SMART 目標設定法與心理預期模型

1. 你設定的是「願望」，還是真正會推動行動的目標？

我們都知道目標很重要，但真正能把目標變成現實的人，總是少數。為什麼？因為多數人設定的目標，其實是「願望」——例如「我要變有錢」、「我要更健康」、「我要今年變得更好」，這些話聽起來立意良善，卻完全無法觸發心理動能。

心理學上指出，人類只有在「看到具體可能性」時才會產生行動傾向。這就是為什麼我們明知道減重、存錢、寫書對自己有益，卻總是拖延或無法堅持。因為那些目標在你腦中，是模糊、龐大、無從下手的存在。

這時候，「目標設定」就不再是文字遊戲，而是一種心理設計工程。

而在眾多目標架構中，最廣為應用、實證效果最穩定的模型之一，就是所謂的 SMART 目標設定法。這個由喬治‧多蘭（George T. Doran）在 1981 年提出的模型，主張有效目標必須具備五大特性：

- Specific（具體）
- Measurable（可衡量）
- Achievable（可達成）
- Relevant（與你有關）
- Time-bound（有時限）

每一項特性都對應一個心理機制，而當你把五項都設計進目標中時，你的腦與行為系統就會進入準備狀態。

第一節　SMART 目標設定法與心理預期模型

在進入操作之前，我們先來看看這五個元素為什麼是動機與執行力的關鍵觸發器。

2. SMART 五要素的心理意涵：讓大腦願意配合你的計畫

每個目標如果不能通過大腦的「行動可能性篩選器」，就無法進入意志系統的啟動區域。SMART 目標模型之所以有效，是因為它恰好對應了五個大腦需要「相信這件事值得一做」的心理條件。

(1) 具體 (Specific) —— 啟動大腦的圖像記憶

抽象的語言無法激發行動。你說「我要變健康」，大腦不知道要如何處理；但若你說「我下週三起每天早上七點快走三十分鐘」，大腦馬上可以演練出畫面與流程，這會啟動運動皮質區與行為循環。

(2) 可衡量 (Measurable) —— 讓進度產生成就回饋

目標若沒有數字或里程碑，大腦無法感受到「我有沒有在前進」。研究指出，每達成一個明確數字或階段，就會釋放多巴胺，形成正向循環。這是為什麼「減五公斤」比「變瘦」更容易執行。

(3) 可達成 (Achievable) —— 降低心理逃避與焦慮

當目標太大或太遠，大腦會自動標示為「過度耗能」並排斥行動。SMART 強調的「可達成」，不是降低標準，而是把長目標拆解為短路徑，讓大腦知道自己做得到，從而啟動計畫執行系統。

(4) 相關性 (Relevant) —— 激發自我意義感與認同感

這個目標是不是你真的想要的？是否符合你當前的角色、價值與生活節奏？若答案是否定的，大腦會感覺「是被迫而非選擇」，動機自然低落。真正持久的行動都來自目標與自我概念的一致。

第七章　目標設定與意志力設計

(5) 時限性（Time-bound）—— 創造心理緊迫與倒數效應

「總有一天」這種目標從來不會開始。「月底前」、「三週內」等時限設定，會在大腦中形成倒數壓力，使你產生「行動視窗」意識，讓你從猶豫模式切換到執行模式。

當你設定一個具備這五項特質的目標時，不只是你在寫計畫，而是你正在向大腦下達「這件事可行、值得、需要立刻行動」的心理指令。

3. 心理預期模型：為什麼有些目標，你一開始就知道自己不會做？

設定目標只是第一步，真正的挑戰是 —— 你心裡真的相信你會做到嗎？

這就是心理學家維克托・弗魯姆（Victor Vroom）提出的「心理預期模型」（Expectancy Theory）的核心：人是否會採取某行動，取決於他對三件事的主觀評估 —— 期待、工具性與價值。

- 期待（Expectancy）：我努力後，是否真的能達成目標？（例如：我努力讀書，是否真的能考好？）
- 工具性（Instrumentality）：目標達成後，是否會帶來我想要的結果？（例如：我考高分，是否真的能進我想要的科系？）
- 價值（Valence）：那個結果對我來說有多重要？（例如：我真的在乎那間學校嗎？）

這三個評估一旦有一項為零，你的內在動機幾乎立刻歸零。

實務上，我們常見的目標挫敗其實源自這三種預期落差：

- 「我覺得自己做不到」（低期待）
- 「就算做到了，好像也沒改變什麼」（低工具性）

第一節　SMART 目標設定法與心理預期模型

■ 「其實我也沒那麼想要」（低價值）

這三項判斷，其實大多源自潛意識早就幫你「預演」過一次，而你相信了那次預演的結論。

想要突破這個預演封鎖，你就必須透過 SMART 的架構進行「目標再設計」與「價值再連結」，讓你的心理模型產生新的估值：

■ 拆小、具體，讓你看到「真的可以做到」的感覺；
■ 設定過程性回饋機制，強化「做到這一步就能改變」的信念；
■ 把目標與你內在身分、未來角色或個人願景掛勾，提高情感關聯與認同。

當這三個心理變數都變成正值，你就會進入「心理牽引狀態」——目標開始拉你，而非你推著自己去做。

4. 不同性格的目標設計盲點與調整策略

每種 MBTI 性格在設定目標時都有典型偏好與盲點。若能根據自己的性格特質微調目標設計方式，將能大幅提高執行效率與穩定度。

J 型人格（如 ESTJ、INFJ、ISTJ）傾向計畫完整、步驟清楚，但容易設定過度緊繃的時程與進度，導致後期壓力過載。調整策略：增加「彈性區段」與「微調空窗」，讓自己喘息而非全程繃緊。

P 型人格（如 ENFP、ISFP、INTP）喜歡保有彈性與創意，不擅長長期規劃與一致執行。調整策略：將目標拆成「一週內要完成的創作項目」，而非長期結果倒推，並結合創意輸出與自由排序原則。

F 型人格（如 INFP、ESFJ、ISFJ）在設定目標時傾向考慮他人感受、情境和諧，容易因他人需求而放棄自我目標。調整策略：目標架構中加

第七章　目標設定與意志力設計

入「與自我對話的儀式」，例如每週記錄「這個目標對我的意義是什麼」，強化內在一致性。

T 型人格（如 INTJ、ENTP、ESTP）偏重效率與結果，容易忽略執行過程中的人際關係或情感耗損。調整策略：在目標中設計「社會支持環節」，如回報給夥伴或邀請人共修，避免孤軍作戰造成耗竭。

當你理解自己的性格優勢與陷阱，目標就不再是壓力源，而是與你配速的動能結構。

5. 讓目標成為自我強化循環，而非自我消耗賽局

設定目標的終極目的，不是證明你有多自律，而是讓你的性格可以進入最舒適、最有產出的狀態。

真正好的目標系統，不會讓你壓力爆棚、筋疲力竭，而是進入一種「越做越順、越順越想做」的心理正循環。這種狀態必須具備三個條件：

- 有節奏感的成就感：你能定期獲得「我有完成一些事」的情緒獎勵；
- 成長視覺化：你能透過記錄、回顧看見自己進步，這會增強行動意義；
- 目標與身分一致：你覺得「做這些事」不是為了績效，而是「這就是我想成為的樣子」。

當這三者串聯，你會發現意志力不再需要額外補給，而是內建在你每天的選擇之中。

你每天做的不是「為了 KPI 而努力」，而是用行為回應你對自己的承諾。這樣的目標，才會穩定、持續、長久，讓你不再靠動力撐一天，而是靠設計撐一輩子。

第二節
動機心理學與行動啟動點

1. 你不是懶，而是還沒找到啟動點

你是否曾這樣告訴自己：「我知道這件事很重要，但我就是提不起勁來做」？你以為自己缺乏自律，實際上你缺的可能是──一個能點燃你動機的啟動點。

在心理學中，「動機」指的是驅動我們行動的內在力量。而所謂「啟動點」，就是那個讓你從靜止狀態開始運動的第一秒。

動機與啟動的關係，就像車子的引擎與鑰匙。引擎是內在動能的總和，但若沒有鑰匙去點火，它就永遠只是沉睡的潛力。你可能內心早已渴望成就某件事，但卻總是在起跑線卡關，無法進入狀態。

這不是你的問題，而是你沒有人教你如何為自己的性格設計啟動流程。

在進入啟動策略設計之前，我們需要先理解幾個關於動機的心理機制。因為只有知道動機怎麼產生、怎麼消失、怎麼被重新點燃，我們才有辦法在實際生活中操控它，而不是被它牽著走。

2. 動機三大來源：自主、勝任與關聯

根據心理學家戴希（Edward Deci）與瑞安（Richard Ryan）提出的「自我決定理論」（Self-Determination Theory, SDT），人類的內在動機建立在三個核心需求上：

- ■ 自主性（Autonomy）：我是否覺得這是我自己選擇的，而不是被逼的？
- ■ 勝任感（Competence）：我是否感覺我有能力做到這件事？

167

第七章　目標設定與意志力設計

- 關聯感（Relatedness）：我是否覺得這件事讓我與某些人有連結、被理解？

當這三個需求被同時滿足時，人類最容易產生持久的行動動機。反之，如果你是為了迎合他人期待、害怕被批評、或純粹因為應該做而去做，那麼這些行動會很快流失能量，甚至產生反感與拖延。

MBTI 性格模型在這三項需求中展現出不同偏好：

- F 型人格（如 INFP、ISFJ）強烈需要關聯感，若沒有共鳴或被認同，動機容易瓦解；
- T 型人格（如 INTJ、ENTP）更在乎勝任感，若任務難度太低或缺乏邏輯挑戰，會感到無聊；
- P 型人格（如 ENFP、ISTP）渴望自主性，若覺得被限制或任務無趣，行動會立即停擺；
- J 型人格（如 INFJ、ESTJ）則傾向維持秩序與任務完成，但若無長期意義感支撐，會陷入機械式倦怠。

因此，你的動機不是「有或沒有」，而是「你目前的行動有沒有接觸到你真正想被滿足的心理需求」。

真正的啟動點設計，就是讓你在行動之初就觸碰到這三項核心，讓「起步」變成心理上舒服的選擇，而非勉強的掙扎。

3. 行為心理學中的啟動槓桿：讓大腦自動走進行動模式

除了心理需求之外，行為心理學提供我們另一個重要線索：行動不是靠意志力，而是靠情境引導。

第二節　動機心理學與行動啟動點

行為學派心理學家 B. F. Skinner 早期的研究指出，人的行動多半來自環境中的「線索－行為－回饋」三段式反應鏈。這個鏈條在現代被簡化為：

- 觸發（Trigger）
- 行為（Action）
- 獎賞（Reward）

也就是說，若你能設計一個固定的觸發條件，例如每天早上咖啡喝完馬上寫五分鐘筆記，那麼只要咖啡這個觸發出現，大腦就會啟動下一步的行為。

這種啟動點機制有幾個重要原則：

- 簡單具體，容易執行：例如「刷牙後做三個深蹲」比「我要運動」更容易啟動；
- 和習慣疊合，降低阻力：把新行為放在既有行為之後，例如洗澡後閱讀，而非創造一個全新流程；
- 馬上有回饋，強化快感：給自己一句肯定、一個勾選、一段音樂，讓大腦知道「我完成了」。

這種小動作一旦重複，就會在大腦中刻出啟動循環（cue-action loop），讓你不用靠「想做」，而是自然而然就「已經在做了」。

動機不再是「你要鼓起勇氣開始」，而是「你根本沒時間掙扎，行為已經發生」。

4. 為不同性格設計啟動點：讓行動自然發生，而非用力克服

不同 MBTI 性格，對啟動點的感受與需求各異，因此設計時需結合性格差異進行微調：

- I 型（內向）人格：不喜歡外部刺激太強、需要較安靜與專注的啟動環境。建議設計「儀式感啟動」，例如安靜喝一杯茶、戴上耳機聽習慣的曲子，即進入工作狀態。
- E 型（外向）人格：傾向由外部互動激發動能。建議用「公開承諾啟動」，如告訴朋友、發限動、加入共學社群，用外在互動帶動行動。
- J 型人格：習慣清單與結構，適合「規則化啟動」，如設定日程提醒、使用計時器、建立工作儀表板。
- P 型人格：重自由與彈性，過度計劃反而會壓垮他們。建議使用「自由選擇啟動」，例如建立三個待選行動，讓自己每天自由挑選其一。
- T 型人格：動機來源偏向邏輯與目標。建議用「目標激發啟動」，每天開頭先寫「今天完成這件事的邏輯理由」。
- F 型人格：受情緒與關係驅動。可設計「情感連結啟動」，例如「這個行為是在為未來的我、或我在乎的人創造什麼」。

當啟動點設計與性格對位，你會發現自己不再拖延、不再躊躇，而是在一種剛剛好的流動感中開始行動。

5. 建立「預熱─啟動─維持」的行動連續系統

真正能讓行為穩定持續的，不是單一動機爆發，而是你為自己建構了一套有節奏、有設計、有心理回饋的行動系統。

這個系統包含三個關鍵節點：

第二節　動機心理學與行動啟動點

(1) 預熱階段

為自己設計一個能進入狀態的小習慣，如深呼吸十秒、開燈、整理桌面、播放習慣音樂。預熱不是浪費時間，而是大腦轉換頻道的過渡儀式。

(2) 啟動點設計

選擇一天中最容易執行的時間點（早上、中午、傍晚），綁定一個現有習慣（如吃飯後、刷牙後、洗完臉），設定一個具象、微小的行動起手式（例如「打開筆電並寫一行字」）。

(3) 維持動能

設定每日回顧或回饋機制，例如打勾表、成就感記錄、與人分享、儀式性紀念，讓你的大腦知道這是一個「會有成就感且值得堅持」的流程。

一個行為一旦跨過「第一次做」的門檻，它就會進入熟悉區。當這個流程連續三週以上，你的大腦與身分認同會開始整合，讓「做這件事」變成你的一部分。

真正的動機從來不是情緒爆發，而是每天剛剛好地被啟動、剛剛好地持續，然後不知不覺地累積出成果。

動機不是用來激勵你的，而是該被你駕馭的。當你理解動機背後的心理需求、啟動槓桿與性格差異，你就能設計一套真正適合自己的行動節奏與啟動策略。

你不再需要等「有感覺」才開始，也不必每次都與拖延交戰。因為你知道如何為自己創造一個能安穩啟動、自然前進的場域。

這就是行動心理學最終的目標──讓開始變得輕盈，讓持續變得自然而然。

第三節
拖延的心理機制與對策

1. 拖延不是時間管理的問題，而是情緒管理的問題

當我們提到拖延，多數人第一反應是：「我太懶」、「我時間規劃不好」、「我太容易分心」。這些說法聽起來合理，但卻忽略了一個更根本的真相 —— 拖延，其實不是時間管理問題，而是情緒管理問題。

根據心理學家皮爾斯·斯蒂爾（Piers Steel）在其《拖延的心理學》一書中的研究，拖延的本質是一種自我調節失衡的行為。也就是說，我們在面對壓力、失控感、或不確定的任務時，為了減輕當下焦慮或不安，而選擇「暫時不做」，讓自己好過一點。

這種「暫時好過一點」的選擇，就是拖延的起點。

進一步來看，心理學上的「情緒調節理論」認為，當任務與負面情緒掛鉤，例如無聊、焦慮、恐懼、自我懷疑，就會促使人用逃避的方式來短期舒緩。久而久之，逃避變成習慣，大腦習得：「我只要不要做，就不會那麼難受。」

於是我們開始拖延，但這又會導致更多焦慮與內疚，反而加劇壓力，進入惡性循環。

真正的解法，不是逼自己「趕快去做」，而是先認清你「不想做的那個感覺」到底是什麼情緒，並學會溫柔轉化。因為你不是不會做事，你只是對做這件事感到太痛了。

2. 拖延的三大心理動因：從自我妨礙到時間幻想

為了更深入理解拖延，我們可以從心理學的三個經典理論切入，這些理論揭示了拖延背後的三種常見心理機制：

(1) 自我妨礙 (Self-Handicapping)

這是一種保護自尊的心理策略。當我們害怕自己全力以赴後還失敗，就會選擇「晚點開始」或「根本不開始」，這樣若結果不好，可以說：「因為我太晚準備了，不是我能力不好。」這其實是在逃避自我價值的檢驗。

(2) 完美主義陷阱 (Perfectionism)

很多人不是不想做，而是覺得「我還沒準備好」、「做不好就會丟臉」，導致不敢動手。完美主義讓你在心理上不斷延後啟動點，想像一個理想狀態才值得開始，但這個理想從未出現。

(3) 時間不一致性 (Time Inconsistency)

根據行為經濟學的研究，人類在面對現在與未來獎勵時，會高估現在的快感、低估未來的好處。因此，我們會傾向選擇現在打電動，而不是現在做簡報換來下週的升遷機會。這是一種先天的大腦偏誤。

這三種心理陷阱，讓我們在邏輯上明知該行動，卻在情緒與本能上選擇不動。拖延不是失敗的結果，而是一種對未知的自我保護機制。

如果我們要徹底破解，就要從這些機制入手，設計一套能繞過恐懼、穿越逃避、並啟動行動的節奏。

第七章　目標設定與意志力設計

3. 不同性格對拖延的典型反應與隱性風險

拖延的表現雖類似，但每種性格背後的成因與痛點卻截然不同。MBTI 性格模型提供了理解這些差異的有力視角，也讓我們能更有針對性地設計破解方式。

I 型（內向）人格：傾向在內心自我過濾與過度思考中拖延。他們常陷入「我還不夠準備好」的思維迷霧裡，尤其是 INFJ、INTP 這類思考導向強的性格，容易在過度評估中錯失行動契機。

E 型（外向）人格：拖延常發生於需要獨立完成、不具互動性的任務。例如 ENFP、ESTP 一旦失去群體動能支持，會很難獨力推進，轉而尋求短期刺激（如滑手機、找人聊天）逃避沉重任務。

F 型（情感）人格：容易被情緒牽動，一旦任務讓他們感到壓力、人際摩擦或自我否定，會出現「暫停以修復心情」的行為。例如 ISFJ 可能因怕做不好讓人失望而延後行動。

T 型（思考）人格：雖邏輯強大，但若任務與目標的實用性不明確，就可能認為「做這件事沒意義」，導致延遲。例如 INTJ 會因缺乏策略價值認定而選擇不開始。

J 型（判斷）人格：通常執行力強，但一旦任務不明確或計畫打亂，就容易陷入完美主義與順序強迫之中，認為「等我整理好再做」，但這個「整理好」永遠不會來。

P 型（感知）人格：習慣順勢而為、強調靈活性，最常見的拖延模式是「我再看看心情如何」。這種自由導向雖然減壓，但也讓他們很難啟動長期規律。

每種性格都不是問題，問題在於你是否看見了自己的自我妨礙模式，並願意設計出與之對位的解法。

4. 拖延對策三步驟：辨識、轉化、啟動

要真正擊破拖延，不是一蹴可幾的激勵，而是要有結構地拆解。這裡提供一套實證有效的三階段對策系統，能幫助你根據性格與情緒，快速進入行動模式。

第一步：辨識 —— 找到你「為什麼不想開始」的那句話

在每次想拖延時，先問自己：「我現在的念頭是什麼？」常見的念頭有：

- 「我做不好怎麼辦？」（源於自我妨礙）
- 「我不想面對這情緒」（情緒逃避）
- 「等有空再說吧」（模糊責任感）
- 「現在也沒那麼急」（時間幻想）

光是寫下這句話，你的大腦就從被動者轉為觀察者。這是改變的第一步：讓拖延變得可見。

第二步：轉化 —— 設計對位的心理語言與任務切片

針對辨識出的念頭，給予心理回應。例如：

- 「我做不好怎麼辦」→「現在不是要完美，是要啟動一個草稿」
- 「我不想面對」→「我可以先處理其中最不讓我焦慮的部分」
- 「等有空再說」→「我設定 10 分鐘測試版，不要求成果，只要開始」

這些語言會從你熟悉的性格盲點中解套，搭配任務切片（例如只寫一段文字、整理三本資料、開一個文件），讓你建立「可以開始」的自我預期。

第三步：啟動 —— 搭配啟動行為與可視回饋

這時你需要的是一個啟動點 —— 例如：

- 打開電腦文件並打下第一句話；
- 切換手機飛航模式，倒數五分鐘後開始執行；
- 打開任務表打勾「啟動完成」。

讓大腦知道：「我已經從拖延進入狀態」，並立即給予微小獎賞，例如劃掉一行、看個短片、喝一杯喜歡的茶，建立正向連結。

透過這樣的三階段循環，你會從「拖延→內疚→更拖」的惡性循環，轉進「看見→啟動→回饋→再啟動」的正向機制。

5. 拖延不是你有問題，而是你還沒找到屬於自己的節奏

許多人將拖延視為性格缺陷、意志薄弱或人生失控的表徵，於是越拖越自責，越自責越無力。但你必須記得 —— 拖延是大腦在幫你逃避痛苦，只是用錯了方式。

若你能理解這一點，就會明白：你的大腦不是你的敵人，而是等待你重新編程的夥伴。你需要的不是狠話逼自己振作，而是設計一套符合你的性格、尊重你的節奏、又能給你小勝感的行動流程。

真正戰勝拖延的人，不是比別人更自律，而是更了解自己。他們知道什麼時候會拖、為什麼會拖、該怎麼啟動，也願意善待自己，讓行動回到「我願意做」而不是「我被逼著做」的狀態。

從今天開始，你不需要再等完美情緒、完美環境、完美準備。你只需要給自己一個訊號、一個理由、一個方向，就足夠跨出那一步。

因為當你懂得用心理學破解拖延，你就不再是被拖延牽著走的人，而是能駕馭自己前進的人。

第四節
習慣堆疊與「自動成功」機制

1. 為什麼靠意志力無法成功？因為你忘了大腦更相信慣性

我們都曾試圖用意志力改變人生：早起、運動、閱讀、寫作，訂下目標、買好工具、下定決心，結果三天熱度後一切打回原形。這不是你不夠堅強，而是大腦不信這一套。

神經心理學指出，大腦的節能機制讓它天然偏好「不思考就能做的事」。也就是說，只有變成習慣的行為，才有可能長期穩定地被執行。

心理學家查爾斯·杜希格（Charles Duhigg）在《習慣的力量》中指出，每個習慣都由三個元素構成：提示（cue）、行為（routine）、獎賞（reward）。這就是著名的「習慣循環（habit loop）」。

舉例來說：

- 提示：早上起床
- 行為：泡一杯咖啡
- 獎賞：清醒、安定感

久而久之，大腦學會「起床＝喝咖啡＝舒服」，這條循環就被強化了。

真正的行動高手，不是靠更強的自律，而是懂得設計這樣的自動化流程，讓大腦不需要決策、不需要動機、不需要掙扎，行為就自然發生。這就是「自動成功」的心理學邏輯。

第七章　目標設定與意志力設計

2. 什麼是習慣堆疊？你不用做得多，只要做得順

「習慣堆疊」是行為設計專家 BJ Fogg 在《設計你的小習慣》(*Tiny Habits*) 中提出的核心策略。意思是：將你想建立的新習慣，緊密接在你已經存在的穩定習慣之後，讓它們綁在一起，變成一組連續行為。

例如：

- 「我刷完牙，就寫一句日記」；
- 「我泡好咖啡，就打開記事本開始整理五分鐘工作重點」；
- 「我關掉電腦，就做三分鐘冥想」；
- 「我洗完澡，就拉筋 30 秒」。

這些看似微不足道的小習慣，一旦和既有習慣串聯，就會進入大腦的「已熟悉行為流程」，而不會被當成新的任務排斥。

這個策略的心理學基礎非常穩固：

- **避免「重新做決定」的耗能**：你不用再思考「什麼時候開始」，因為一旦第一個行為完成，第二個行為就會自然啟動；
- **降低啟動成本**：新行為的起點不再是一種陌生壓力，而是一種「順勢而為」的延續；
- **創造連鎖成就感**：當你完成第一個習慣，自然會想順便完成第二個，形成心理上的「行為慣性」。

這種設計比每日清單更穩定、比時間提醒更有效，因為它不是外力規範，而是內建結構。

關鍵不是你做了多少，而是你有沒有設計讓行為可以「每天剛剛好發生」的節奏點。

第四節　習慣堆疊與「自動成功」機制

3. 不同性格如何設計自己的「成功習慣堆疊鏈」

每個人性格不同，能夠順利「接上」的習慣類型也會有所差異。如果習慣堆疊沒有考慮性格，就容易造成抗拒、排斥，甚至形成「壓力來源」而非動力來源。

以下是針對不同 MBTI 類型的習慣堆疊建議：

I 型人格（內向）

偏好安靜、穩定與自我驅動的流程。建議將習慣與晨間儀式或睡前儀式相連，例如：

- 起床後靜坐兩分鐘→打開筆記本書寫；
- 晚上關燈前閱讀五頁書→關燈睡覺。

E 型人格（外向）

行動常依賴互動與社會連結，適合結合通訊、社群與公開行動。例如：

- 回完訊息後→記錄今天的收穫一句話分享到限動；
- 出門通勤時→聽一段自我成長 Podcast。

J 型人格（結構導向）

重視秩序與計畫，最適合「固定流程」與「每日同時段」設計。例如：

- 每天晚餐前→整理隔日工作待辦；
- 結束工作後→立刻寫下當日完成事項。

第七章　目標設定與意志力設計

P 型人格（彈性導向）

厭惡僵化與規範，適合「選項組合」式習慣堆疊。可設計三個小行動供自由選擇，例如：

- 早上醒來後→選擇其一：寫日記三分鐘／做拉筋運動／回顧昨日筆記。

T 型人格（理性導向）

偏好邏輯、系統與輸出導向。可設計「任務鏈」的堆疊，如：

- 查完電子信箱→立即做出三個分類標籤（處理／追蹤／刪除）→開啟第一個優先處理任務。

F 型人格（情感導向）

行動受情緒與人際關係牽引，適合設計「意義連結」的堆疊流程，如：

- 喝完早茶→寫一則感謝日記→想一個今天想關心的人→發出一則訊息。

當習慣設計能符合你性格的節奏與偏好時，它就不再是壓力來源，而是會讓你自然流動的心理節拍器。

4. 習慣與身分的整合：讓「我就是會做這件事的人」

真正能長久堆疊起來的習慣，不只是流程問題，而是身分認同問題。

詹姆斯·克利爾在《原子習慣》中強調：「最穩定的改變，不是改變行為，而是改變身分。」也就是說，你之所以會持續做某件事，是因為你相信那是你的一部分。

第四節　習慣堆疊與「自動成功」機制

舉例：

- 「我每天寫作」比不上「我是個寫作的人」來得有力；
- 「我固定運動」比不上「我就是注重健康的人」來得持久；
- 「我會早起」比不上「我是一個珍惜清晨的人」來得有說服力。

這是習慣從「行為」轉向「信念」的關鍵轉折。當你把習慣內化為身分，你的行為就不再需要每天靠說服與提醒，而會變成自我實現的一部分。

建議你每建立一項穩定的微習慣後，問自己：

- 我正在培養哪一種人格特質？
- 這樣的行為會讓我變成什麼樣的人？
- 這種身分，是我真心認同與想成為的嗎？

當你把每一個小行為，連結到一個更完整、更值得期待的自我形象，你就會擁有習慣轉化為人生形狀的力量。

5. 讓成功變成「沒想太多就做完」的日常

多數人以為成功來自突發的天賦爆發、靈感乍現、或一次性的超人努力。但心理學與成功研究早已證實：真正改變人生的，是你每天做而不覺得累的那些小事。

當你把成功習慣設計得夠小、夠順、夠自然，它們就會進入你的潛意識流程。從此以後：

- 不是你努力記得，而是你每天自然會做；
- 不是靠激勵影片，而是靠節奏自轉；

第七章　目標設定與意志力設計

■　不是燃燒意志力，而是靠大腦慣性。

這就是真正的「自動成功」機制：習慣變成身分，身分決定選擇，選擇形塑人生。

你不是突然成功的，而是你一點一滴，靠設計與堅持，把「對的事」變成「每天理所當然會做的事」。

從今天起，你不需要再拼命逼自己，只需要開始設計習慣堆疊。讓每天的小動作，變成明天的大成果。

第五節
用性格打造最適合你的績效模式

1. 為什麼「高績效」在不同性格下有不同定義？

在現代社會中，「績效」往往被視為評價一個人價值的核心指標。但我們很少思考一個關鍵問題：績效真的只有一種樣貌嗎？

傳統職場對「高績效」的定義，多半聚焦在數據、速度、產出量，例如：業績成長率、專案完成數、工作時數。但這些指標忽略了一個重要變數：每個人的性格特質不同，產出方式與動能啟動條件也不一樣。

以 MBTI 為例：

- INTJ 可能在獨立專案與策略性任務中閃耀，但在快速決策與團體溝通中較慢熱；
- ENFP 在腦力激盪與創意發想中極具表現，但面對例行性報告與細節執行會感到消耗；
- ISFJ 能在穩定支持與細緻照顧中持續產出，但在壓迫式競爭中容易封閉與焦慮。

如果我們用統一標準衡量這三種人，就會逼迫他們走向「不是我不努力，而是這種方式毀了我」的績效黑洞。

所以，真正能長期穩定發揮的人，不是最努力的人，而是能根據自己的性格節奏，打造一套適合自己的績效邏輯與運作方式的人。

2. 成就動機的心理結構：你是被挑戰吸引，還是被失敗嚇退？

心理學家大衛・麥克里蘭（David McClelland）提出的「成就動機理論」（Achievement Motivation Theory）指出，個體在追求績效表現時，主要受到三種內在驅力影響：

- 成就需求（Need for Achievement, nAch）：渴望達成具挑戰性目標；
- 權力需求（Need for Power, nPow）：希望影響他人或擁有控制力；
- 親和需求（Need for Affiliation, nAff）：追求與人連結、合作與認同。

這三種需求會以不同強度組合，形成每個人在績效表現上的動機輪廓。

而這正好可以與 MBTI 性格模型交叉對照：

- T 型與 N 型人格（如 INTJ、ENTP）傾向高成就需求，對「解題、突破、策略性目標」特別有感，但若目標過於瑣碎或非挑戰性，則缺乏動力；
- F 型與 I 型人格（如 ISFJ、INFP）傾向高親和需求，若績效設計過度孤立、競爭或冷漠，容易感到排斥，需將任務與關係價值連結，方能激發動力；

E 型與 J 型人格（如 ESTJ、ENFJ）多具中高權力需求，若能在結構中承擔責任、獲得可見成果，動力會明顯提升。

理解自己的動機輪廓，就能知道：你是被「做成一件事」吸引，還是被「讓他人認可」推動，抑或是「在過程中維持和諧」才有動力？

這些驅動力的排列組合，就是你打造個人化績效模式的心理底層。

第五節　用性格打造最適合你的績效模式

3. 為什麼你總在高峰期燃燒，低谷期失控？
因為你的節奏與激勵方式不合

許多績效低落並非因為能力不足，而是因為外部激勵與內部節奏脫節。這樣的斷層會讓你在高峰期燃盡，在低潮時無法重啟。

這裡舉三種常見錯配現象：

(1) 對 T 型人格使用情緒鼓勵

T 型（如 INTJ、ENTP）更在乎邏輯、效率與成果回饋，若你一直用「大家都相信你」這類情感鼓舞反而無感，反而應設計具體成果展示、任務達成數據、策略成就感。

(2) 對 F 型人格設 KPI 型獎勵

F 型（如 INFP、ESFJ）若績效獎勵只停留在獎金與排名，反而會造成情緒壓迫。他們更重視對人的影響、服務的意義或是否被理解與欣賞。善用感謝、團隊回饋、貢獻故事更能觸發動力。

(3) 對 P 型人格使用過度緊湊時程

P 型（如 ENFP、ISTP）需要彈性空間與創意發揮時間，若將任務排滿或設死線，反而會降低品質。應以「階段完成時間窗」取代「具體截止點」，並允許順序自由選擇。

設計錯誤的激勵方式，就像讓植物活在錯誤的土壤與溼度中，外表看不出病徵，但內部早已萎縮。

真正高績效，是讓性格順勢前進、而非反著性格硬撐。

4. 性格導向的績效設計原則：打造你能持續表現的模式

當我們接受「每種性格的最佳表現模式不同」這個前提後，就可以開始進行性格導向的績效設計。以下是幾項核心原則，能幫助你依性格建立出屬於自己的績效節奏：

(1) 以能量而非時間為單位規劃行動

I 型人格（如 INTP、ISFJ）：建議以「精力最充沛的時段」分配最具創造性或決策性的任務，其餘時間保留為深度思考或資訊整合；

E 型人格（如 ENFP、ESTJ）：可依據「互動密度」設計工作區塊，例如安排開會、對談、簡報等於上午進行，將思考與統整任務安排至午後獨處時段。

(2) 用你在乎的回饋機制支持動機

T 型人格：使用「數據記錄」與「目標進度儀表板」追蹤自己的進展，並每完成一階段目標即視覺化展示（例如簡報、表格、成就牆）；

F 型人格：可與信任的朋友或同事建立「心情回顧機制」或「回饋夥伴制度」，讓工作中的情緒不被忽略，進而維持內在連結。

(3) 調整工作方式以符合性格的啟動習慣

J 型人格：適合「結構化績效策略」，例如每日完成三項目標、固定時間回顧與規劃，並以週為單位設定輸出任務；

P 型人格：適合「彈性式績效模組」，如每日開放三種可選任務，自主挑選完成其中一項即可，並設計週末整合與反思時段。

將這些原則內建於日常任務設計、專案管理與獎勵流程中，你將不

再仰賴外在績效評鑑來認同自己,而是從與自己性格一致的表現節奏中,產生內在穩定的成就感。

5. 高績效的真正含義:不是超負荷,而是持續性

社會對「高績效」的定義,長期被「越快越好、越多越強」的效率主義綁架。但心理學與行為經濟學早已指出:真正可持續的成功,是來自一種恰如其分、可以重複的輸出節奏。

我們必須理解一件事:高績效不是一次性的爆發,而是你可以不靠外力逼迫、自然穩定地產出價值的能力。

這樣的能力,來自三種基礎建構:

- 結構支持(Structure):你是否有符合性格的行動架構與作息模組;
- 心理動能(Motivation):你的任務是否與你在意的價值、角色或長期目標有連結;
- 自我回饋(Reflection):你是否在每週定期看見自己的進步、失誤與節奏是否合拍。

這三者若被整合,就能打造出屬於你自己的「高績效曲線」:它不會太陡、不會太勉強,但能長期穩定地朝你的目標前進。

請記得:你不是為了別人的肯定而努力,而是為了實現那個你知道自己可以成為的版本而持續前進。

當你依照性格調整績效節奏,設計回饋機制與支持架構,你將不再依賴爆發力維生,而是靠節奏與自我認識走得更穩、更久、更自如。

第七章　目標設定與意志力設計

第八章

時間管理與自律鍛鍊

第八章　時間管理與自律鍛鍊

第一節
你是哪一型時間使用者？MBTI 與時間觀念

1. 為什麼我們對時間的感受這麼不同？

有些人覺得一天 24 小時永遠不夠用，有些人則像時間的馴獸師，總能準時完成每一件事，還有餘裕午後慢飲咖啡。這種落差到底是因為能力差異，還是心理結構根本不同？

心理學家菲利浦・津巴多（Philip Zimbardo）曾提出「時間觀理論」，認為每個人對時間的感受方式可分為數種傾向 —— 如過去導向、現在導向、未來導向等。而 MBTI 性格模型，則提供我們更精緻的解釋工具，幫助我們理解不同性格如何知覺、計畫與調配時間資源。

時間觀不只是一種生活節奏，更是一種性格的延伸。你怎麼看待過去、安排未來、選擇當下要做什麼，往往不是理性規劃的結果，而是潛意識性格模式的具象反映。

當你了解自己是怎樣的時間使用者，時間就不再是壓力來源，而會成為你性格節奏中最溫柔的節拍器。

2. MBTI 與時間管理的四種核心差異

MBTI 由四組性格維度組成，其中與時間管理最相關的，是以下兩組：

- ▨　J（Judging）與 P（Perceiving）：這是時間觀與生活節奏的最大分野；
- ▨　S（Sensing）與 N（Intuition）：影響你時間規劃的細節感知與大局掌握。

第一節　你是哪一型時間使用者？MBTI與時間觀念

我們來看看這四種類型對時間的不同態度與應對方式。

J型人格：時間是用來掌控與預排的資源

J型（如ESTJ、INFJ）喜歡有結構、有進度、有節點的時間管理方式。

他們傾向使用行事曆、待辦清單與週期性規劃。

對J型來說，「臨時變動」會帶來焦慮感，他們需要知道「什麼時候該做什麼」。

P型人格：時間是一種彈性與機會的空間

P型（如ENFP、ISTP）不喜歡被過度綁住，認為靈感與能量要自由流動。

他們習慣「先看心情」、「隨機應變」、「感覺對了就動」。

時間規劃對他們來說太剛性，反而會降低效率與創造力。

S型人格：時間管理靠的是實際可見的步驟與感官感受

S型（如ISFJ、ESTP）喜歡有感的流程，例如把大目標拆成可以今天做的三件事。

他們對細節掌握好、有節奏的小任務特別有反應。

N型人格：時間是一種大局策略與願景動力

N型（如INTJ、ENFP）會以未來的理想畫面來牽引現在的時間使用。

他們對於「為什麼要做這件事」的需求高於「什麼時候做這件事」。

了解這些傾向後，我們就能設計出符合性格偏好、容易執行、壓力低落、又能持續推進目標的時間管理策略。

第八章　時間管理與自律鍛鍊

3. 每種性格的時間盲點：你是哪一種「時間壓力型」？

時間焦慮的根源，不只是「事情太多」，而是這些事情跟你的性格節奏對不上拍。我們來看看幾種常見的時間壓力性格與其盲點：

J 型的過度掌控陷阱

他們傾向於過度計畫、提前完成、安排太緊，當突發狀況出現時容易焦躁。

若進度落後，他們容易自責與失控，產生「被打亂一切都完蛋了」的錯覺。

P 型的臨時爆發風險

他們常說「我有時間再做」，直到最後一刻才熬夜趕工。

他們不缺才華，但缺少節奏感，容易陷入時間錯估與精神透支的循環。

S 型的細節疲勞

他們在排時間表時會過度關注每個細節，容易把所有事情都列為「現在就該做」，導致時間線擁擠、壓力升高。

N 型的願景脫線

他們習慣用宏觀目標驅動時間，但若缺乏中途具體節點，常出現理想很滿、執行很空的落差。

一旦你能辨識自己是哪一型時間壓力型態，就能知道不是你能力不好，而是你在用一種錯誤方式對待你的時間偏好。

第一節　你是哪一型時間使用者？ MBTI 與時間觀念

4. 時間觀與情緒的交叉點：為什麼有些人總覺得「時間不夠」？

時間焦慮不只來自待辦事項的堆疊，更來自我們怎麼「感受」時間。心理學家在研究中發現，當人感到失控、焦慮、內在空虛時，會產生「時間感壓縮」現象，也就是：你覺得時間很少，即使你其實什麼都沒做。

這種現象，與 MBTI 性格息息相關：

- I 型與 F 型人格在情緒低落時，時間感會被放大成壓力感，容易進入「越想做越沒力、越沒力越拖延」的循環；
- T 型與 N 型人格在失去策略掌控時，會因看不到方向感而產生「空轉型焦躁」；
- J 型人格對進度失衡非常敏感，會把進度落後解讀為「自己不夠好」，而不是任務設計失誤；
- P 型人格則會在沒有壓力時反而缺乏推動力，直到事情爆炸才醒來，時間焦慮直接爆表。

這些模式若沒有被看見與修正，就會導致時間管理策略反覆失效。你以為你在管理時間，其實你在與情緒角力。

時間管理的第一步，其實是認識你的時間情緒模式，然後對症下藥。

5. 為你的性格設計時間節奏的五個關鍵策略

真正有效的時間管理，從來不是把行事曆塞滿，而是讓你在不違背性格節奏的前提下，自然流動地完成該做的事。以下五個策略，將協助你根據 MBTI 性格建立專屬的時間使用架構：

第八章　時間管理與自律鍛鍊

(1) 設計你的「黃金時段」任務排布

每個人一天中精神最集中、情緒最穩定的時間段不同。J 型與 T 型早晨高效、P 型與 N 型傍晚靈感活躍。將最重要或最困難的任務安排在這段時間，有事半功倍的效果。

(2) 固定搭配「起手式」進入狀態

與其期待自己隨時能切換工作狀態，不如設計「時間儀式」作為切換點。I 型人格適合靜態啟動儀式（如泡茶、戴耳機），E 型適合動態切換（如說出今日目標或分享進度）。

(3) 用「模組化時間區塊」取代死板時段表

P 型與 N 型人格不適合 15 分鐘為單位的細密規劃，反而可以用「任務模組」思維──例如：一週內要完成三段影片拍攝，具體時段自由安排。

(4) 把時間結合價值感與角色感

F 型與 NF 人格若把行動視為「義務」，會很快倦怠。試著將時間任務與自我角色結合，例如「這段時間是我成為支持者的時段」、「這是我未來版本的訓練場」，會更容易進入狀態。

(5) 安排回顧儀式，設計回饋系統

S 型與 J 型人格適合每週固定回顧，建立成就感與修正軌道；N 型與 P 型人格則適合做自由回顧式筆記與情緒回饋，強化感受層次的記憶與學習。

第一節　你是哪一型時間使用者？ MBTI 與時間觀念

　　時間，從來不是拿來壓迫自己的，而是用來構築你想成為的那個人的節奏架構。

　　當你理解自己如何看待時間、如何感受時間，你就不再是被時間追著跑的人，而是用性格為自己創造節奏的時間設計師。

第八章　時間管理與自律鍛鍊

第二節　賽局思維與優先順序判斷

1. 不是你做不完，而是你不知道該先做什麼

在現代生活節奏裡，最讓人疲憊的，往往不是任務本身的難度，而是選擇過多卻不知從何下手的焦慮感。每件事都看起來重要，每個人都希望你先回應，每一個清單都塞得滿滿，但當你坐在電腦前，腦袋卻一片空白。

這不是能力問題，而是「優先順序系統」出了問題。

心理學將這種現象稱為「選擇癱瘓（choice paralysis）」，當人面對過多選項時，大腦的決策系統（前額葉皮質）會過度耗能，進而產生逃避與延宕。根據心理學家羅伊・鮑邁斯特（Roy Baumeister）的研究，決策過多會導致所謂的「決策疲勞（decision fatigue）」，使你更容易拖延、妥協或乾脆放棄。

這正是我們需要賽局思維的原因。賽局理論不是在玩博弈，而是教我們在多變選項中找出最有勝算的策略分配。

而當你把「時間與資源」視為有限籌碼時，你的判斷標準就會從「我都要做好」轉為「我該押在哪些事上才最划算」。

這不只是效率問題，而是生涯與心理穩定的根本邏輯。

2. 賽局理論的核心：不是贏過對手，而是選對對手

賽局理論（Game Theory）是數學家約翰・馮・紐曼與經濟學家約翰・納許等人共同奠基的學門，其核心在於：在多方行動者互動下，如何制定最有利的策略組合。

第二節　賽局思維與優先順序判斷

如果我們把生活、職涯與時間管理都當作「多人賽局」，那麼我們首先要回答的問題不是「我能不能全部做好」，而是：

- 我要在哪個賽局中下注？
- 我要放棄哪個看似重要但其實對我無利的賽局？
- 我要如何設計遊戲規則讓我能長期獲利而不被榨乾？

這樣的思維，對於MBTI中J型人格尤其重要。J型的人通常想把事情都安排好，但在資源有限情況下，這會造成嚴重的分散與過載。

對P型人格而言則相反，他們偏好順勢而為，不喜歡提前判斷，但在多任務場景中若沒有優先順序，很容易流於隨機與失控。

賽局思維的訓練，能幫助J型學會「放掉不值得贏的戰」，也能幫助P型建立「做選擇也是一種行動」的自我結構。

真正厲害的人，不是什麼都能做，而是知道什麼不該做、什麼值得延後、什麼現在就要啟動。

3. 優先順序的三軸判斷模型：急迫、影響與成本

既然人生是場賽局，那麼每一項任務或選擇都可以用一套「資源投注決策模型」來衡量是否值得當下處理。這裡提供一個簡單但實用的三軸判斷系統：

(1) 急迫度（Urgency）

任務是否有明確的時限或外部壓力？是否拖延就會造成損失？

(2) 影響力（Impact）

完成此事是否會對你的人生目標、事業成果或人際關係產生實質影響？

第八章　時間管理與自律鍛鍊

(3) 心理成本 (Mental Cost)

處理這件事的耗能程度是多少？是否會占用大量情緒、注意力或轉換成本？

請注意，不是急迫的就重要，也不是影響大的就該馬上做。你需要評估三者的交錯：

- 急迫高、影響低、成本高的事（例如臨時填寫報告給不在乎的人）→可以委派或快速處理；
- 急迫低、影響高、成本中等的事（如寫書、準備進修）→應設為「優先主軸」並排進黃金時間段；
- 急迫中、影響中、成本低的事（如每日回覆信件）→可設定固定時段群體處理。

這種「分類→排序→配置」的流程，可以讓你從雜亂感中抽離出判斷結構，從憑感覺決策轉為憑邏輯與策略安排資源。

4. 不同性格的排序偏誤與判斷錯誤

MBTI 不同性格對「什麼事重要」的認知差異極大，這直接影響了優先順序的設計與執行。

J 型人格的排序偏誤：過度追求完成感

他們容易把「可被勾掉的事情」當成優先事項，即便那件事對整體成效貢獻不高。

修正策略：建立「成果貢獻比例表」，每週審視自己是否把時間投在影響力最大的任務上。

第二節　賽局思維與優先順序判斷

P 型人格的排序偏誤：逃避不明確或耗能任務

他們傾向先做有感覺、較輕鬆的事，對於結構未明或啟動門檻高的任務（如規劃簡報、財務整理）會下意識延後。

修正策略：對大任務進行「啟動拆解」，把第一步設計成 3 分鐘內可啟動的行為（如「開一個新文件並寫一句話」）。

T 型人格的排序偏誤：忽略情感任務

他們常只排進對邏輯或成就有意義的任務，卻低估如「與家人交流」、「主動感謝同事」等維繫關係的行動價值。

修正策略：每週設定一到兩項「無形但關鍵」的人際任務，並視為等同專案重要的行動。

F 型人格的排序偏誤：情緒牽動順序感

他們容易讓「我現在比較想做的」擠下「我其實最該做的」，導致時間與能量分配不均。

修正策略：使用「情緒倒帶技術」，在執行前先回顧這件事完成後的心理感受，喚起未來導向動機。

理解自己的排序偏誤，你就不再只是努力做事的人，而是能策略性選擇「做哪些事」的決策者。

5. 建立你的人生資源分配邏輯：做少一點，成效更多

我們一生的時間與能量都是有限資源，不可能什麼都做、每一件都完美。真正的高手，不是把每件事都做完，而是用自己的邏輯判斷什麼該做、何時做、該做到什麼程度。

這套邏輯的建立，需根據三項內部座標：

- 你的性格節奏（性格）：你在什麼樣的步調下最有行動力與產能？（如 J 型擅長計畫式推進，P 型適合靈感突擊節奏）
- 你的核心目標（目標）：什麼樣的任務真正幫助你靠近你的人生角色、職涯目標與內在渴望？（例如長期寫作比一場會議更接近夢想）
- 你的當下狀態（能量）：你今天的身心狀態是否適合處理這件事？是否該轉換任務而非硬拚？

當這三者一致時，任務不是壓力，而是一種內在願意流動的方向。你不是在逼自己，而是在對齊自己。

請記住：你每天做的，不只是任務，而是在進行一場人生資源的分配。只有當你把時間投注在最重要且最適合你性格的那 20% 任務上，你才能用最少的成本創造最大的價值。

這不是偷懶的藉口，而是高效思維的本質。

第三節
自律背後的心理學原理

1. 自律不是靠忍,而是靠設計

當我們提到「自律」,腦中常浮現一個畫面:有人在凌晨五點醒來慢跑、日計畫排得像軍事戰術、下班還堅持閱讀與進修……彷彿真正成功的人,都得靠極度壓抑欲望與超凡的意志力才能達到目標。

但心理學研究卻告訴我們一個相反的事實:真正的高自律者,並不是最能忍的人,而是最少需要「忍」的人。

根據心理學家 Mischel 提出的延遲滿足理論(Delayed Gratification),自律與其說是克服誘惑的能力,不如說是設計出一個讓你可以不一直面對誘惑的環境與習慣系統。

這點在意志力資源理論(Ego Depletion Model)中有更清楚的佐證。該理論認為意志力就像肌肉,用久了會疲乏,若不透過適當節奏與回補,就會陷入決策疲勞與自我控制崩潰。

也就是說,自律不是一場硬戰,而是如何讓戰爭根本不需要打。

那些你以為「很有自律」的人,其實只是比較早學會了設計環境、降低選項、建立習慣與排除干擾。

自律不是壓力的延伸,而是舒適系統的優化結果。

2. 自律的心理三層結構:控制、節奏與信念

真正的自律從來不是單一行為,而是一套結構。我們可以將其拆解為三個層次:

第八章　時間管理與自律鍛鍊

(1) 控制層（Control）── 你怎麼處理當下衝動？

這是傳統所認知的「自我控制」：當想滑手機、想吃垃圾食物、想耍廢時，你是否能及時停下、轉移、延遲或重設狀態？這一層靠的是短期策略與環境干預。

(2) 節奏層（Pacing）── 你是否在對的時間做對的事？

人不是機器，不可能全天自律。真正穩定的自律者會根據自己的性格節奏安排工作與休息，例如：

- I 型性格在早晨安排重任；
- P 型性格設計自由彈性的完成模組；
- F 型性格避免長時間無人互動的任務區間。

自律的關鍵不在於「全天狀態滿分」，而在於「高能量時段不被浪費，低能量時段不強撐」。

(3) 信念層（Identity）── 你覺得你是什麼樣的人？

詹姆斯・克利爾在《原子習慣》中強調：「改變行為的最好方式，不是從目標開始，而是從身分開始。」當你相信自己是一個「做事有節奏、能堅持的人」，你的行為會自動貼近那個形象。

這一層也是最穩定的自律來源，因為它來自「我想成為誰」的內在信念，而不是外界對「你應該怎麼樣」的期待。

3. 不同性格的自律盲點與潛能

MBTI 性格模型讓我們能更細緻地看見：不同性格在「自律」這件事上的驅動點與障礙點並不一樣。

第三節　自律背後的心理學原理

J 型人格（如 INFJ、ESTJ）

　　自律優勢：有清晰結構感、偏好計劃與完成、能承擔責任；

　　潛在盲點：過度追求控制與完美，容易忽視休息與彈性，導致自律轉為「過勞堅持」；

　　策略建議：設計「彈性時段」與「回顧式調整區間」，讓結構能呼吸。

P 型人格（如 ENFP、ISTP）

　　自律優勢：創造力高、擅長靈活應變、不拘泥形式；

　　潛在盲點：難以啟動長期規律、容易受情緒與環境干擾而脫軌；

　　策略建議：以「自由選擇＋任務組合」模式設計行動，例如設三項任務、每天完成任一即可。

F 型人格（如 ISFJ、INFP）

　　自律優勢：若與價值、關係連結，自律力強大；

　　潛在盲點：任務若缺乏意義感或人際連結，容易缺乏動力；

　　策略建議：將行動與「角色認同」連結，例如「我是可以照顧自己的人」、「我完成這件事是對未來自己的承諾」。

T 型人格（如 INTJ、ENTP）

　　自律優勢：邏輯性強、可自我驅動、高目標意識；

　　潛在盲點：可能忽略身體與情緒節奏，將自律視為競賽；

　　策略建議：設計「反壓迫系統」如低負荷週、切換任務節奏週期，保持心理續航力。

第八章　時間管理與自律鍛鍊

這些性格特質不是阻礙，而是設計的起點。當你用適合自己的方式設定節奏，自律就會變成「最自然的選擇」，而非每天都需要動用意志力的拉扯。

4. 自律的行為循環：從靠意志力到靠系統

根據行為心理學，任何穩定的行動都來自一個叫做「行為循環（Behavior Loop）」的結構：

- 觸發（Cue）：讓你想做一件事的情境或刺激；
- 行動（Action）：實際執行的動作；
- 回饋（Reward）：做完後的感受與成就感。

建立自律的關鍵，在於這個循環能否持續轉動，直到成為預設反應。例如：

- 起床後泡咖啡（Cue）→翻開筆記本寫三行計畫（Action）→打勾清單感受掌控感（Reward）；
- 運動結束（Cue）→記錄一次成功的訓練成果（Action）→用一杯喜歡的冰沙犒賞自己（Reward）。

這不是「規矩」，而是「節奏」。它能取代你每天必須靠意志力下決定的流程，讓你的自律進入「大腦預設路徑」，也就是你不需要下決定、就自然會做的事。

建立這種系統有三個原則：

- 觸發要穩定出現：如每日醒來、午餐後、洗完澡；
- 行動要極度簡化：讓第一步幾乎不用意志力；

■ 回饋要能即時體會：哪怕只是一個打勾的爽快感。

這些微小但持續的習慣設計，就是把自律轉為生活節奏的心理技術。

5. 真正的自律，是與自己的節奏和平共處

社會對自律的幻想常常是冷硬的：早起、努力、強壓欲望、不斷超越。但真正能長期實踐的自律者，從來不是這樣的人。

真正的自律者，是那些懂得自己、接納自己、設計出屬於自己節奏與規律的人。他們不依賴羞恥感、不靠罪惡感、不用比較來驅動行動。他們只是有系統、有節奏地，讓自己越來越接近想成為的樣子。

他們懂得休息，也懂得再啟動。他們不完美，但他們有持續。他們不是更強的人，而是更懂得怎麼照顧自己的人。

這就是自律的心理本質：不是壓制欲望，而是與欲望共處；不是對抗衝動，而是繞過衝動；不是戰勝自己，而是設計出讓自己容易贏的規則。

從今天起，你可以不要再用力逼自己，而是開始設計支持自己的系統。你會發現，當自律不再是一種壓力，而是一種節奏時，你會愛上這種不費力但持續前進的自己。

第五節
高效生活系統建構指南

1. 高效不是做得多，而是有系統地做「對的事」

當你聽到「高效生活」，會聯想到什麼？是用最短的時間做最多的事？還是從清晨五點工作到深夜十一點仍能元氣滿滿？這些表象看起來像效率，其實多半只是極限運作下的倖存者樣態。

真正高效的人，不是一天完成十件事的人，而是知道哪三件事最該做、做了這三件事就能產生系統性改變的人。

從心理學角度來說，高效是一種結構而非能力。這個結構包含三層系統：

- ■ 任務優先順序的設計邏輯；
- ■ 自律與行動的節奏配套；
- ■ 情緒與能量的穩定供應。

當這三層系統能彼此協調運作，你不需要強逼自己拼命，生活會自然而然進入一種「我知道接下來該做什麼」的節奏狀態。

高效的本質是選擇，不是燃燒。

2. 打造你的「性格型生活模組」：先認識節奏，再設計系統

高效生活系統無法一套複製給所有人，因為每個人的性格節奏與動力來源不同。你必須先了解自己的性格使用說明書，再決定怎麼安排你的行程、任務與回饋。

以下是幾種常見性格模組的對應生活設計法：

第五節　高效生活系統建構指南

J 型人格：規律驅動型

適合設計固定起床／工作／檢視時段，例如「每天早上 8：00 讀書、10：00 行動、16：00 複盤」；

需避免「過度堆疊任務→焦慮破功→全盤否定」的劇本；

推薦設計「反挫緩衝日」作為彈性區，讓系統得以自我調節。

P 型人格：彈性驅動型

適合建立「模組式任務庫」：例如「今天完成任選兩項：A 寫作、B 思考、C 讀書」；

需透過視覺化進度或短週期回顧機制強化持續感；

推薦設計「啟動儀式」如一首歌、一段短運動作為切換行動模式的開關。

T 型人格：邏輯驅動型

需要明確的目標與成就回饋，如 KPI、任務追蹤 App 或圖表式記錄；

容易忽略心理疲勞，需主動安排恢復區與創意無目標時間；

推薦使用「策略優先矩陣」進行每日決策排序，提升聚焦力。

F 型人格：情緒驅動型

需設計「情緒能量維持儀式」，如每日寫一句感謝、晨間自我對話；

任務要與意義或角色連結（例如「這件事能幫助誰？我扮演什麼角色？」）；

推薦設立「情感任務清單」如問候、回訊、家庭交流，以情感穩定維持系統運作。

這些設計的關鍵不是照抄，而是找出你在什麼樣的節奏下，最自然

第八章　時間管理與自律鍛鍊

地進入行動狀態。

　　高效生活的第一步，是讓行動貼合性格，而不是讓性格委屈行動。

3. 三層結構的高效生活模組：讓日常成為行動平臺

　　一套能長期維持的高效生活系統，應該包含三個層級的模組設計：日常節奏模組、週期檢視模組、能量回補模組。

(1) 日常節奏模組：讓你知道「今天該幹嘛」

　　將生活拆成幾個固定區塊，如「創造時段／溝通時段／整合時段／放空時段」；

　　每天不需安排具體事項，而是對應「當下能量與任務類型」，進行合理調度；

　　例如：早上為策略設計、下午為執行輸出、晚上為閱讀與沉澱。

(2) 週期檢視模組：讓你知道「我做得怎麼樣」

　　每週固定一天（例如週日晚上）回顧三件事：

- 這週最值得肯定的行動；
- 哪些事情完成了但沒帶來滿足；
- 下週我最想做、而非最該做的三件事。

　　搭配視覺工具（白板、筆記本、Notion 等）會更容易產生「持續的成就感」。

(3) 能量回補模組：讓你知道「我還剩多少」

　　安排至少每兩週一次的「無任務日」，只做滋養性行動：看書、戶外走路、聊天、創作、沉澱；

不將回復力視為浪費,而是看作系統維護。

這三層模組的關係,就像「行事曆(節奏)+儀表板(回顧)+充電站(回補)」,缺一不可。它讓高效不再靠腎上腺素撐起,而是靠系統自然流轉。

4. 資源分配的黃金法則:分清楚什麼是主線、什麼是支線

許多人之所以「忙得很累卻沒進展」,關鍵在於他們把太多時間與精力投入在支線任務上,卻錯失了對主線任務的持續推進。

主線任務,是那條若你持續推進,就能讓生活進入下個層次的任務。例如:

- 長期職涯轉型的學習;
- 創業構想的原型設計;
- 健康體質重建;
- 關係修復與情感重建。

支線任務,則是那些處理完當下很有成就感,但對長期幫助不大的事。例如:

- 回覆所有即時訊息;
- 接每一場臨時邀約;
- 花三小時做完可外包的報表;
- 精修一篇不會發表的內容。

在高效系統中,應設計每週至少三個主線任務推進點,並為其保留黃金時段(如每週三、四上午),搭配支線任務集中處理時段(如週一下午),如此可形成清晰的資源分配架構。

成功不是你做多少，而是你每天往哪裡集中投資時間與心力。

5. 高效生活的自我維運原則：讓系統會自己長大

最後，也是這套系統最關鍵的一環 —— 它不應該讓你越來越累，而是隨著時間，自動調節、持續優化，甚至產生心理正回饋機制。

這裡提供三個讓你的高效系統「自己長大」的心理原則：

(1) 可見進步原則：讓進展具象化

不論是用筆記記錄、App 追蹤，或日曆打勾，只要你能看見「我每天有在往前走」，就能產生「我做得到」的自我強化感。

(2) 內化定義原則：目標不是別人給的，是你選的

將每一項主線任務與個人價值、性格與長期渴望連結，才能產生真正持久的驅動力。否則會變成「別人的 KPI 壓在我身上」。

(3) 心理免疫原則：錯亂與疲倦是系統的一部分，不是失敗的徵兆

系統不是一開始就完美，而是能在崩潰後修補、在疲憊中休息、在低潮裡等待反彈。只要你願意留下記錄與反思，你的系統就會變得越來越適合你。

高效生活，不是人生的最終目標，而是一種讓你活得像自己的方式。

當你從「我要做得更多」轉向「我要做得更像我」，當你從「我該自律」轉向「我懂我的節奏」，你會發現：

效率不再是競爭，而是自主；紀律不再是壓力，而是選擇；人生不再是追趕，而是設計出你真正想活的那個版本。

第九章

抗壓能力與情緒復原力

第九章　抗壓能力與情緒復原力

第一節
情緒韌性：心理免疫系統的啟動法

1. 壓力不是問題，沒有韌性才是

在這個變動快速、不確定性高的時代，我們幾乎每天都與壓力共處。不論是職場中的績效評比、人際中的矛盾衝突，還是對未來的焦慮與自我要求，壓力成為常態，而非例外。

但心理學研究發現：真正影響我們健康與表現的，從來不是壓力本身，而是我們如何面對壓力的能力 —— 這正是「情緒韌性」的核心。

所謂情緒韌性（emotional resilience），是一種在面對逆境、情緒風暴或壓力事件時，仍能維持心理穩定、調節能力與行動能力的內在系統。它就像是心理層面的「免疫系統」，能在生活不如預期時保護你不被擊垮，甚至從中修復與成長。

根據美國心理學會（APA）的定義，韌性不是不會感到痛苦，而是你即使痛苦，仍能恢復、調整與前進。這是一種「內建的心理肌肉」，能夠透過經驗、訓練與設計進一步強化。

也就是說，面對壓力與情緒波動，不是只能忍、只能逃、只能撐，而是可以透過啟動你的心理免疫系統，讓你越遇壓力越穩定，越遇情緒越能清晰行動。

2. 情緒韌性的四大組成：內在系統的啟動機制

要理解如何強化情緒韌性，必須先拆解其心理機制。根據耶魯大學情緒研究中心與哈佛商學院對高韌性人士的長期追蹤，發現他們之所以能從情緒中快速恢復，關鍵在於四個心理機能的合作運作：

第一節　情緒韌性：心理免疫系統的啟動法

(1) 感知與命名（Perception & Labeling）

高韌性者能夠準確覺察自己當下的情緒，並賦予清晰的語言。例如不是說「我好煩」，而是能說出「我感到失望，因為我的努力沒有被看見」。

(2) 情緒容納（Containment）

他們不會急著否定情緒或轉移注意力，而是能夠「讓情緒存在而不被吞沒」。這種「心裡有空間留給不舒服的感覺」的能力，是心理穩定的基礎。

(3) 思維框架轉換（Cognitive Reframing）

面對壓力事件，他們不會陷在單一敘事（如「我失敗了」），而會將之視為經驗拼圖的一部分（如「這是我調整策略的線索」）。

(4) 回復節奏掌握（Recovery Rhythm）

高韌性者有能力設計自己的「心理修復流程」，例如固定的運動、與信任對象對話、書寫反思等，這些都是幫助他們快速回到基準線的自我照顧儀式。

這四項心理能力，並不是天生就有，而是可以被培養、覺察與設計的。

而這裡的關鍵在於：不同性格的人，有不同的韌性優勢與弱點。

3. 不同性格的情緒韌性反應模式

情緒韌性不是單一的心理能力，而是建立在性格結構上的應變方式。MBTI 模型提供我們一個精確的視角來理解：面對壓力與情緒動盪，不同性格如何啟動（或無法啟動）心理免疫反應。

第九章　抗壓能力與情緒復原力

T 型人格（邏輯導向，如 INTJ、ESTP）

優勢：能快速將情緒事件理性化，視情緒為可分析問題；

挑戰：傾向壓抑情緒、不善命名與表達，造成累積式內爆；

強化建議：訓練「情緒辨識詞庫」，每天花三分鐘寫下今日感受詞，將模糊感轉為語言。

F 型人格（情感導向，如 INFP、ESFJ）

優勢：對內在狀態與他人情緒極為敏感，有良好的情緒覺察；

挑戰：容易被情緒淹沒，進入反芻與自責循環；

強化建議：建立「情緒容納空間」儀式，例如寫下情緒＋價值對話：「我現在難過，但我也知道這代表我在乎。」

J 型人格（結構導向，如 ISTJ、ENFJ）

優勢：具備設計與維持穩定節奏的能力，有助情緒回復；

挑戰：傾向「不能出錯」的完美主義，對失控與挫敗特別敏感；

強化建議：設計「心理備案腳本」，如「即使今天混亂，我仍有重新整理的選擇權」。

P 型人格（彈性導向，如 ENFP、ISFP）

優勢：情緒彈性高，能迅速轉念與調節；

挑戰：在持續性壓力下易陷入逃避與情緒閃躲；

強化建議：建立「情緒日誌＋三點行動」，記錄情緒＋當下最小可控行動三件，避免進入消極拖延循環。

第一節　情緒韌性：心理免疫系統的啟動法

這些性格不是限制，而是打開你心理免疫機制的鑰匙。只要方式對，自律與復原力將來自你性格節奏的自然流動，而非強迫灌輸。

4. 啟動你的心理免疫儀式：情緒韌性可被設計

就像身體有免疫系統需要透過睡眠、飲食與鍛鍊維護，心理免疫系統同樣需要日常儀式來強化。我們將這套方法稱為「心理免疫儀式」。

以下是一套五步設計法，可根據性格客製化：

(1) 建立情緒檢測儀式

每天固定時段（起床後／午餐後／睡前）問自己三個問題：

- 我現在有什麼感受？
- 這個感受最強烈的點是什麼？
- 我想要這個情緒幫我說什麼？

(2) 選擇一種表達情緒的方式

- 寫日記、錄音、與人說話、畫畫、動作、音樂皆可；
- 對 T 與 J 型人格建議文字邏輯結構表達；
- 對 F 與 P 型人格建議感官媒介，如聲音或繪圖釋放。

(3) 設定「回復模式」行為

這是你進入混亂後，讓大腦知道「現在要重啟了」的行為。例如：

- 沖一杯茶、整理書桌、關機 15 分鐘沉靜、出門散步五分鐘；
- 關鍵不在於動作大小，而在於「重啟感與切換訊號」是否清晰。

(4) 固定每週「回復日」

將一週中一天（或半天）設定為「心理免疫日」——不接觸壓力源、不進行高耗能決策，只做讓你回到內在平衡的行為，例如創作、休息、遠離螢幕。

(5) 製作「韌性緊急包」

像急救包一樣，準備一張筆記寫下：

- 三個讓你穩定的習慣（如運動、冥想）；
- 三個你可以傾訴的人；
- 三個你做了會讓心情回溫的小事（如唱一首歌、看舊照片、擁抱貓）。

這份清單在情緒低落時比任何理論都重要，它提醒你：你不是孤立的，也不是無能為力的。

5. 真正的堅強，是你允許自己脆弱時還願意前進

我們常把韌性想成「撐住不倒」，但那是老派的生存模式。真正的情緒韌性，是你知道自己有時候會倒下，卻依然有能力慢慢站起來。

不是不受傷，而是知道怎麼處理傷口；不是沒情緒，而是知道如何讓情緒流過不留下毒素。

在性格心理學與神經科學的觀點中，那些擁有強大情緒韌性的人，並不是「一開始就比你強」，而是他們更願意認識自己的反應，更勇敢設計自己的修復節奏。

所以，請你給自己一份練習的寬容，也給自己一份修復的空間。你不需要成為完美的情緒管理者，但你可以成為自己心理系統最好的設計者。

第一節　情緒韌性：心理免疫系統的啟動法

　　情緒韌性不是一個終點，而是一條路。每一次情緒來襲，每一次壓力來臨，都是你讓自己的心理免疫系統再進化一點的機會。

　　你會發現：世界沒有變輕，但你變強了 —— 不是那種硬撐的強，而是那種能被風吹、卻不被吹走的柔韌。

第九章　抗壓能力與情緒復原力

第二節
性格與壓力來源：你怎麼煩，就怎麼卡住

1. 壓力感不是來自事情本身，而是來自「你怎麼看那件事」

我們對壓力的反應，其實比壓力事件本身更重要。心理學家拉薩魯斯（Richard Lazarus）提出的「壓力感知理論」指出：壓力不是一種外在刺激，而是內在對情境的評估與解釋結果。換句話說，不同的人面對同一件事，壓力感可能完全不同。

有些人接到臨時任務會馬上分配資源、迅速處理，有些人則當場頭痛、失眠甚至焦慮發作。差別不在能力，而在於性格結構對壓力的感知方式與解釋風格。

MBTI 性格模型提供我們一套有力的對照工具。每種性格都會在特定的情境下出現高敏壓力反應，也都有特定的「卡住方式」── 也就是你最常對自己說的那句內心對話。

理解你在哪裡容易被勾起壓力感，才能真正對症下藥，而不是總是靠意志力撐過。

2. MBTI 性格的壓力來源與卡關模式：你的「煩點」就是你的性格盲點

以下，我們針對 MBTI 的四大向度與其組合類型，進行壓力感來源的解析，讓你認識「你怎麼煩，就怎麼卡住」的心理機制。

（1）J 型人格（規劃型）── 控制感失衡是最大壓力源

典型煩點：「怎麼會出現這種突發狀況？我不是都安排好了嗎？」

卡住方式：當進度被打亂或臨時變更，他們會出現高壓反應，覺得整體崩潰。

修正策略：建立「變動容忍預備區」，例如在週計畫中預留彈性時段與 B 計畫空間。

(2) P 型人格（彈性型）—— 任務堆積與臨近死線的壓縮壓力

典型煩點：「怎麼時間又不夠了？我以為還來得及……」

卡住方式：容易低估時間，過度仰賴靈感或情境推進，導致最後關頭壓力倍增。

修正策略：使用「時間視覺化工具」如時間橫條或倒數 App，每日安排兩段固定輸出時段。

(3) T 型人格（邏輯型）—— 非理性互動或情緒訴求讓他們煩躁

典型煩點：「為什麼大家不能就事論事？這根本沒效率。」

卡住方式：面對人際情緒場域會出現焦慮或強烈抗拒，逃避或情緒性爆發。

修正策略：事前預設「人際緩衝語句」如「我知道這對你很重要，我們一起找出處理方式」，並提醒自己：處理人比處理事更關鍵。

(4) F 型人格（情感型）—— 人際衝突與失和是最大壓力來源

典型煩點：「他們是不是對我有意見？我是不是讓人不舒服了？」

卡住方式：過度在意關係中的微小變化，易陷入情緒反芻與自我懷疑。

修正策略：定期與關鍵夥伴進行「預防性對話」，減少情緒揣測；建立情緒釐清筆記，協助自己區分「事實」與「感受」。

第九章　抗壓能力與情緒復原力

(5) N 型人格（直覺型）—— 缺乏願景或意義會讓他們失去動力

典型煩點：「這件事到底有什麼意義？我只是為做而做嗎？」

卡住方式：一旦目標不具吸引力或與價值觀斷裂，就會陷入虛無與無感狀態。

修正策略：在日常任務中加入「意義提問」，如「這件事將如何幫助我未來的計畫？」或「它與我渴望成為的人有何關聯？」

(6) S 型人格（感官型）—— 資訊過載與多任務易導致壓力炸裂

典型煩點：「怎麼那麼多訊息？我根本不知道從哪開始。」

卡住方式：需要具體明確結構，否則會感到混亂與逃避。

修正策略：把任務拆解為三步驟、三小塊，並使用紙本筆記或視覺流程圖安定注意力。

每一種性格都值得被理解與尊重，因為壓力反應不是你的錯，而是性格節奏與環境刺激之間產生衝突的結果。

3. 壓力觸發的不是問題，而是你早就習慣的「性格防衛系統」

當壓力來臨時，我們的第一反應，往往不是思考，而是習慣性地回到某種性格的防衛姿態。這個姿態，就像是你大腦在壓力情境下的自動導航，它既能保護你，也可能讓你卡在同樣的地方出不來。

心理學家 Karen Horney 曾提出「神經性應對策略」（neurotic trends），將人在壓力下的反應分為三種：

- 向前靠（move toward）：試圖取悅他人以避免衝突；
- 向後退（move away）：逃避現場、切斷情緒連結；
- 向對抗（move against）：控制他人、試圖壓過威脅。

第二節　性格與壓力來源：你怎麼煩，就怎麼卡住

當這三種防衛傾向結合 MBTI 性格後，會出現具體的壓力應對慣性：

- F 型人格偏好「向前靠」：壓力越大越想取悅人，結果把自己壓到沒空氣；
- T 型人格傾向「向對抗」：用強邏輯與冷處理對抗不確定與情緒，結果關係惡化；
- P 型人格會「向後退」：壓力來了就先閃，等情緒過了才面對問題；
- J 型人格則在三者之間輪轉，強撐控制之後一崩潰就退到底。

這些不是你個人的缺陷，而是你大腦認為「這樣比較安全」的自保機制。問題不是你有壓力，而是你不自覺地一直重複這種卡住的反應模式。

只有當你能看見這些反應的來源，才能有選擇地走出它。

4. 三階段鬆動策略：如何在壓力點停止「自我卡死」

你沒辦法阻止壓力事件發生，但你可以建立一套鬆動反應慣性的策略系統，讓你在情緒上升時停下腳步、拉開距離、重新選擇行動。

這是一套三階段的心理操作法，適用於所有 MBTI 性格者。

第一階段：辨認內心對話句

當你開始焦慮、挫敗、沮喪或不爽時，問自己：我現在腦中一直重複的句子是什麼？

例如：

- 「我這樣是不是不夠好？」（F 型）
- 「這種人根本不講理！」（T 型）

第九章　抗壓能力與情緒復原力

- 「我是不是又搞砸了？」（J 型）
- 「我不想處理這種事……太煩了」（P 型）

第二階段：轉寫句子成「行動問題」

將上面的情緒句子，轉為可以解決的問題句式：

- 「我現在需要做什麼來讓自己安心一點？」
- 「如果我不是被攻擊，而是誤會，我可以怎麼澄清？」
- 「我能不能先處理 30％？不要求一次做完？」

這個轉化讓你從「受害者的語言」回到「設計者的語言」，開始恢復掌控感。

第三階段：設定小型行動與時間界限

選擇一件能在 20 分鐘內完成的動作，例如：

- 寫一封簡訊澄清誤會；
- 刪除今天不做也沒事的行程；
- 打給朋友釐清情緒。

並為此設定時限與觸發語句：「我先做這一件事，20 分鐘後再決定要不要繼續。」

這樣能有效中斷思緒崩潰鏈條，重建思考能力。

5. 為自己設計「減壓空間」與「對話模板」

真正能穿越壓力的，不是情緒硬撐者，而是空間設計者與語言轉譯者。也就是說，你要設計讓自己有喘息餘地的減壓空間，並為每種壓力

第二節 性格與壓力來源：你怎麼煩，就怎麼卡住

場景準備好對應的對話語句，才不會在緊繃時語塞、失控、崩潰。

第一步：設計你的個人減壓空間

- I 型人：獨處環境、音樂冥想、閱讀筆記、安靜散步；
- E 型人：與熟人對話、語音傾訴、社群快聊、情緒互動；
- S 型人：規律作息、視覺化整理、例行任務執行；
- N 型人：寫下未來願景、自我對話、閱讀啟發文章。

第二步：準備你的情境對話模板

例如：

當有人臨時要求你加班（J 型會焦慮、P 型會想逃）→「我現在手上任務已滿，可以明天中午前給你確認時間嗎？」

當你覺得自己被忽略（F 型常見）→「我有一點小困惑，不知道是不是我想多了，但我想問問你對這件事的想法。」

當你遇到沒效率或情緒化對象（T 型會怒）→「我理解你這邊有感受，我們能不能先把處理流程理清，再來談其他？」

這些句子，不只是話術，而是讓你在壓力來臨時保持心理邊界與情緒可控感的保護機制。

你越了解自己的性格反應，你就越能在壓力來臨時守住自己，甚至反轉成動力。

第三節
如何從低潮中再站起來：逆境復原力養成術

1. 從谷底反彈不是奇蹟，而是一種心理結構

許多人以為能從人生低谷再站起來是一種天賦、意志力或者「比較幸運」。但事實上，心理學早就指出：逆境復原力（resilience）並不是少數人的專利，而是一種可以被建構、練習與啟動的心理結構。

根據創傷後成長（Post-Traumatic Growth, PTG）研究，許多人在經歷重大失敗、失落或人生中斷事件後，不僅恢復原狀，甚至會在人格、信念、人際或目標感上出現升級性的轉變。

這種成長，並不是靠硬撐出來的，而是從一段低潮的深層對話中慢慢長出來的重建之力。

要啟動這種重建力，你不需要是鋼鐵人。你只需要具備三樣東西：

- 看見並接受「我真的受傷了」的誠實；
- 對未來仍保有哪怕只有一點點的願景；
- 願意為自己設計出一個可行的復原節奏。

這三件事，正是本節要帶你一步一步建立的心理土壤。

2. MBTI 性格與低潮反應模式：你怎麼跌倒，就該怎麼站起來

每個人跌倒的方式不同，當然也需要不一樣的起身方式。MBTI 性格模型提供我們理解「低潮風格」與「復原方式」的重要線索。你必須知道，哪裡卡住、怎麼補回，取決於你是哪種性格的人。

第三節　如何從低潮中再站起來：逆境復原力養成術

F 型人格（情感導向）—— 情緒洪水型低潮

　　常見表現：覺得自己沒有價值、自我否定、進入內疚或無力感；

　　陷落方式：將事件視為對自我存在的否定；

　　復原建議：與親近者傾訴，寫情緒日誌，進行「角色澄清」練習，提醒自己「這不是我不好，而是我正在面對一段難的經歷」。

T 型人格（邏輯導向）—— 系統崩解型低潮

　　常見表現：覺得一切都沒有意義、行動失序、對自己生氣；

　　陷落方式：因為預測系統崩壞，感覺無法掌握；

　　復原建議：重建「短期可控區」，如建立每日三小成就、找回微觀成就感，降低整體感壓。

J 型人格（結構導向）—— 計畫毀滅型低潮

　　常見表現：進度打亂、理想受挫、喪失推進動能；

　　陷落方式：對「沒照規畫走」的焦慮與自責；

　　復原建議：允許自己設計「修復週」與「修正版路線」，承認人生不是線性，而是版本更新。

P 型人格（彈性導向）—— 失焦飄離型低潮

　　常見表現：逃避、想放棄、難以聚焦行動；

　　陷落方式：缺乏明確方向與支持結構；

　　復原建議：建立簡單任務模組，像「今天只要完成任選兩件事」，重建節奏感與掌控感。

　　低潮不是一種個性缺陷，而是一種人格轉換的觸發點。當你知道自

第九章　抗壓能力與情緒復原力

己是怎麼跌倒的，就能用更溫柔、更符合你性格節奏的方式，慢慢站起來。

3. 逆境成長五階段：從崩潰到重構的心理地圖

正向心理學家 Richard G. Tedeschi 與 Lawrence Calhoun 在創傷後成長研究中，描繪了一條常見的復原路徑，這不只是為經歷重大創傷者設計，也適用於任何在低潮中尋求重建的我們。他們提出五個心理轉化階段：

(1) 震盪期 (Disruption)

在失敗或重大挫折剛發生時，思緒混亂、情緒激烈、方向感崩解，常伴隨憤怒、羞愧、焦慮與否認。這是「我怎麼會這樣？」的階段。

(2) 解構期 (Disengagement)

你開始切斷原有信念、身分、目標，進入懷疑與空白期。這階段常出現的情緒是「原來的我是不是騙人的？那我到底是誰？」

(3) 空白期 (Void)

你什麼都不想做，覺得沒有東西能真正有意義。這階段不是退化，而是心理的重置空間。

(4) 試探期 (Exploration)

開始重新接觸新觀點、新想法、新角色。你會開始問：「那如果這條路走不通，還有什麼我沒試過？」

(5) 重建期 (Reconstruction)

你整合了過去經驗、痛苦與新觀點，產生新的自我定義、價值架構與行動方向。這不一定是「更好」，但一定是更真實、更貼近內心的你。

這五階段沒有絕對順序，有些人會在第三與第四之間來回十次，有些人需要很久才能進入重建，但重要的是：這條路，不是走錯，而是正在成形。

你不是卡住了，而是還在變成下一個版本的你。

4. 設計你的性格型復原儀式：從低潮走出來的具體方法

當我們將逆境成長看成是一條心智鍛鍊曲線，我們就需要一套可執行的復原儀式設計法，這套設計必須符合你的性格，否則只會造成更多反彈與逃避。

這裡提供一個「5R 復原模型」，並針對不同 MBTI 性格給出行動參考：

(1) Recognize —— 承認低潮存在

所有性格皆需建立「情緒命名儀式」：每日寫一句話描述自己的狀態，不用正面，只要真實。

建議格式：「今天我覺得＿＿＿＿，因為＿＿＿＿。」

(2) Reflect —— 整理情緒與事件邏輯

T 型：使用表格或時間軸重建事件順序，找出「哪裡失控」、「哪裡可以優化」；

F 型：進行情緒書寫或對話，問：「這件事讓我失望的是什麼？為什麼這麼刺痛我？」

(3) Reset —— 關閉錯誤信念系統

J 型：設計「放棄許可書」，允許自己暫停原計畫並重新思考；

P 型：設「階段性總結」，將過去階段封存，用新架構重新啟動。

第九章　抗壓能力與情緒復原力

（4）Rebuild —— 設計新行動模組

所有類型：使用「3×3 微行動系統」—— 每天三個最小可控行為、每週三件值得期待的行動；

例：喝一杯水、寫一句話、聽一首音樂。

（5）Reconnect —— 重新連上人與意義

I 型：設定每週至少一次主動社交行為，如傳訊、短約；

E 型：設定沉靜儀式，如冥想、遠離螢幕 30 分鐘；

N 型：每週寫一次「這週我為未來哪個版本的我累積了什麼」；

S 型：寫下「這週我實際完成了什麼」，強化現實感與成就感。

這不是一套快速通關的自救包，而是一個把自己接回來的過程。

因為人生不怕跌倒，怕的是你跌倒後對自己說：「我是不是永遠爬不起來了？」

只要你願意相信，復原不是奇蹟，而是選擇。那麼，你就不再只是走出低潮，而是從裡面長出真正的自己。

第四節
建立「心理安全圈」：為自己創造正向支持環境

1. 真正的支持，不是給你答案，而是讓你安心成為自己

很多人誤以為「心理支持」是指遇到問題時，有人可以幫忙解決、有肩膀讓你靠，或者有人說：「加油，你可以的！」但這些只是表層的支持形式，真正能構築你內在穩定感的，是一種心理環境——讓你在其中感到自己不必完美、不會被批判，可以真實表達自己的脆弱與不安，仍然被理解與接納。

這種環境，被心理學家艾美・艾德蒙森（Amy Edmondson）稱為心理安全圈（psychological safety）。原本是用在組織中的概念，指的是團隊成員是否能自在地提出想法、不怕犯錯、不被羞辱或邊緣化。但當我們把這個觀念放入個人心理世界時，它就成為支持力的根基：不是讓你不會跌倒，而是你知道跌倒了，有地方可以落下、不會碎裂。

情緒復原力從來不是靠單打獨鬥練出來的，而是透過一個又一個讓你安心的場域慢慢長出來的。而這些場域，不見得是血緣或戀人，不見得要多、要強，而是對你有「鏡映功能」與「穩定能量場」的人與場。

2. 你不缺朋友，你缺的是心理上的「安全基地」

依附理論（Attachment Theory）指出：每個人在壓力之下，都會本能地尋找一個「安全基地」（secure base）——這個基地的功能不是幫你解決問題，而是提供你心理上的穩定訊號與存在價值感。

問題是，很多人以為自己有「社交圈」，但那個圈裡沒有任何「心理

安全」。你可能有一堆群組，卻不敢在裡面說真話；你可能有一票朋友，卻沒有一個人能聽你哭；你可能很會講道理，卻沒有一個人能理解你其實心很軟。

心理安全圈的核心價值有三個條件：

- 容許你說出「不行了」而不被貼標籤；
- 你在裡面不是被期待解決問題，而是被看見處於哪個階段；
- 你能從這些人身上感受到穩定、節奏、願意等你。

不是誰都能提供這種安全感，也不是所有關係都需要成為這樣的角色。真正的關鍵在於：你有沒有為自己有意識地篩選出一群「心理角色多樣化」的支持關係？

3. MBTI 性格與心理安全需求差異：支持不是一種，而是四種

不同的性格類型，對「支持」的感受需求有極大差異。這也解釋了為何有些人明明「被很多人關心」，卻仍覺得孤單；而有些人只要一個理解他的人，就能穩住內心系統。

以下是依據 MBTI 四大主導向度所整理的支持偏好與缺口：

(1) F 型人格（情感導向）

渴望的支持：情緒共鳴、同理陪伴、不加建議的傾聽；

壓力下的錯誤支持：邏輯分析、直接教你該怎麼辦；

最佳心理安全來源：能接受你哭、反覆說同一件事、願意陪你慢慢說清楚的人。

第四節　建立「心理安全圈」：為自己創造正向支持環境

(2) T 型人格（邏輯導向）

渴望的支持：邏輯釐清、策略討論、提供客觀視角；

壓力下的錯誤支持：情緒主義、催促情感表達；

最佳心理安全來源：尊重你需要時間思考、提供你資訊而非壓力的人。

(3) I 型人格（內向導向）

渴望的支持：不介入但能守候、非語言陪伴；

壓力下的錯誤支持：不停追問「你還好嗎？」、「說點什麼吧」；

最佳心理安全來源：理解沉默是修復、願意靜靜陪你的人。

(4) E 型人格（外向導向）

渴望的支持：即時回應、語言互動、情緒回饋；

壓力下的錯誤支持：消失或冷處理；

最佳心理安全來源：能迅速產生連結、語氣有活力、願意對你說「我在」的人。

這些性格差異告訴我們：支持不是一種標準模式，而是根據性格量身設計的心理語言與互動節奏。你要做的，不是等別人來懂你，而是幫自己找到「說你語言」的人，並且告訴他們你的用法。

4. 建立你的「心理安全圈」：角色分工與啟動機制

建立一個有效的心理安全圈，並不需要你有很多朋友，而是在關係中進行「角色分工」與「信任設計」。

第九章　抗壓能力與情緒復原力

以下是一套實用的支持圈角色分類法,建議每一類至少找一位適合的對象,不一定同時具備,但必須是你知道何時啟動、啟動後不會後悔的那種關係:

(1) 穩定者（穩定性來源）

這是你心情起伏時,只要與他短暫互動就能安定下來的人。他可能話不多,卻能讓你想起:事情總會過去。

(2) 鏡子者（自我映照者）

這個人理解你的內心結構,能在你自我否定時,幫你說出你內心真正想說的話。他的存在讓你不至於忘記「我是誰」。

(3) 策略者（問題整理者）

他不一定理解你的情緒,但能快速理清情況、提醒你優先順序、給你策略與框架,讓你恢復掌控感。

(4) 同伴者（同行感支持者）

這是會跟你說「我也曾經這樣過」的人,他不提供解法,只是陪你一起感受,一起存在。

你可以用筆記寫下這四種類型的人名,或是設立一個「心理支援清單」,在情緒或壓力風暴來臨時,不是茫然翻通訊錄,而是有意識地選擇你當下最需要的那一類陪伴。

此外,你可以替自己設計一套「情緒啟動儀式」,例如:

- 壓力過大→傳訊息給穩定者:「我想沉一下,你能陪我安靜一下嗎?」
- 情緒卡住→找鏡子者語音通話 10 分鐘:「我需要有人幫我釐清我現在在想什麼。」

第四節　建立「心理安全圈」：為自己創造正向支持環境

■ 方向亂掉→請策略者一起喝咖啡談計畫：「我現在想不出下一步，你可以幫我理一下邏輯嗎？」

支持的價值不在於即刻解決問題，而在於即刻讓你找回「我是有人可以依靠的」信念。

5. 維護心理安全圈的節奏與界線：關係要深，也要能呼吸

再好的心理安全圈，也必須具備節奏與界線的維護機制，否則你將很快發現：那些你最信任的人，也會累；那些你最想依靠的人，也會開始遠離。

維護安全圈的三大原則如下：

(1) 設定預期，不等情緒炸裂才聯絡

建議與你的支持對象先建立默契：「當我傳『A』，表示我只是想安靜被聽，不需要建議；當我傳『B』，代表我想釐清思緒，希望你陪我一起討論。」

這種「情緒代碼」能避免誤解與不必要的角色混淆，也讓對方知道如何安全參與。

(2) 建立雙向支持循環，不只索取

不要讓支持圈變成「單邊依賴」，你也要適時成為別人的穩定者與鏡子者。這會讓整個關係更具能量，而非消耗。

(3) 允許界線、容納沉默

當你察覺對方沒有回應、狀態不佳、無法陪伴，不要立刻解讀為被拒絕。給支持者留空間，是讓支持得以長久的關鍵。

第九章　抗壓能力與情緒復原力

　　真正的心理安全，不是你永遠都有人在，而是即使有時沒人馬上出現，你也知道：這個世界上，有人會在你需要的時候為你留一盞燈。

　　你要做的，就是在沒事的時候好好經營，在還可以的時候好好選人，在日常的平穩裡，慢慢培養一個不為炫耀、不靠熱鬧、只為讓你能安心做自己的支持場域。

　　這，就是你的心理安全圈。你可以自己為它命名，你可以決定它的節奏，但請你記得：你不需要一個人撐完所有事，你值得有這樣一個地方，讓你卸下戰甲，只當一個人。

第五節
真實世界案例：性格型領導者如何走出危機

1. 從工程師到 CEO：當一位內向者面對外部世界的「要強」

薩蒂亞·納德拉（Satya Nadella）接下微軟執行長時，是 2014 年。那一年，微軟正處於全公司焦慮期：Windows 市占逐漸下滑、行動裝置策略失利、內部文化僵化，還有股東對「前景轉型能否成功」的高度質疑。

而站在這場風暴正中央的納德拉，卻不是傳統印象中的強勢領導型人格。他是一個不喜歡被注意、講話帶有印度口音、總是選擇傾聽大於主導的人 —— 一位典型的 INFJ：內向、直覺、情感、計畫導向的人。

面對企業外部的「要強」、媒體對「救火隊長」的角色期待、內部對文化改革的矛盾抗拒，納德拉曾在訪談中坦言：「壓力大到幾乎無法思考，有時候我一整天都不知道該說什麼才對。」

但就是這樣一位不符合主流商業英雄敘事的安靜領導者，用他獨特的性格優勢，讓微軟從谷底重建價值，進入全球市值前三。

這並非靠華麗口號或超強決策力，而是來自他對人性深刻的理解，以及對「自己性格節奏」的信任與運用。

2. INFJ 型領導的壓力困局：過度共感與過度責任的內耗

納德拉的領導型態，一開始面臨的是來自性格結構本身的挑戰。

INFJ 人格特質讓他擅長觀察細節、理解他人動機、從長期願景看待決策。但在壓力極大、資訊混亂的環境中，這些特質反而成為一種負擔：

第九章　抗壓能力與情緒復原力

- 他會對團隊中的每個人的反應感到敏銳、擔憂是否讓人失望；
- 他會對決策後的每一個人際波紋進行「情感後設思考」；
- 他會無法迅速決斷，因為想要找到一個能讓最大多數人安心的方向。

這種過度共感與過度責任的壓力循環，讓他在上任初期幾乎無法睡好一整晚。他曾說：「我知道我不能不做決策，但我又怕自己做的不是正確的。」

許多領導書告訴你「要有擔當」，但對於高敏感性格者而言，「擔當」本身就是種壓力來源。你不是怕事情失敗，而是怕對不起別人對你的信任。

這樣的壓力源，無法靠「硬撐」或「自我打氣」排解。納德拉選擇的是：重新定義「壓力中的角色感」，讓自己從執行指揮者，轉變為價值空間的守護者。

3. 文化轉向：從績效導向走向同理導向的企業重塑

在上任初期，納德拉沒有馬上強推大刀闊斧的組織重整，也沒有拚命發表「大策略」。他做的第一件事，是要求所有主管與團隊學習「同理」—— Empathy。

這個決定，在當時引起不少內部高層不滿，甚至被媒體批評為「空洞的口號」，但在納德拉眼中，這正是改變微軟最大問題的根本路徑 —— 不是技術落後，而是內部文化無法彼此理解。

他開始推動「非績效對話空間」，讓員工分享自己的情緒狀態與困難，重新建立彼此的信任；他鼓勵主管每週進行「個人關心對話」而非「任務檢查會議」；他更把「同理力」納入領導人評核指標，讓內在的理解力成為一種正式被重視的績效指標。

這種轉向，讓微軟從「過度競爭導致內耗」的文化，走向「互相理解促進合作」的新型態。原本在低潮中被邊緣化的部門重新找回存在感，而中階主管的離職率也大幅下降。

納德拉曾說：「我的性格不擅長打擊錯誤，但我擅長讓對的人感到被看見。」這正是他將內向與情感導向的性格優勢，擴大成企業文化的轉化槓桿。

4. 建立「節奏信任」：當你不再扮演神，而是讓自己與團隊都可以呼吸

高敏感領導者的另一項痛點，是他們常常無法放過自己，也無法放過節奏失衡。因為想做得好、想不辜負、想保持領導的標準感，所以他們容易一旦慢下來，就自責；一旦失控，就想用加倍努力來彌補。

納德拉後來公開承認：「我花了很長時間才學會：讓節奏慢一點，不是軟弱，是一種信任。」這種信任，不只是對團隊，也包括對自己當下狀態的信任。

為了實踐這種節奏感，他開始在微軟內部推動「沉思時間（Think Time）」制度──所有高階主管每週可以排兩小時完全不安排會議，只做思考與整理。

他也在自己行程中安排「走路會議」、「寫作時間」與「反思回饋圈」，確保自己不是永遠處在輸出的狀態，而有空間做「輸入」與「整理」。

這種領導風格，不是時時閃耀的焦點型，而是穩定而持久的心臟型──不是最快拍的節奏，但是最能長期供氧的節律。

這種節奏式信任，讓他不再需要「一直很強」，而是能選擇「在哪裡該穩、在哪裡該退」，也讓整個團隊學會：領導不是壓榨績效，而是設計節奏。

第九章　抗壓能力與情緒復原力

5. 性格不只是你如何帶人，更是你怎麼救自己

當微軟後來在雲端、AI、行動服務逐步奪回市場領先地位，很多人稱讚納德拉的「策略眼光」。但他自己從來不把功勞歸給「判斷正確」，而是歸給性格的一致性與反思能力。

他曾說過一句話：「我曾經懷疑自己是不是不適合當 CEO，因為我不夠外向、不夠果斷、不夠強勢。但後來我明白，領導不是關於你能不能當一個超人，而是你能不能讓一群人願意與你一起撐過艱難。」

這句話的背後，是他對「性格型復原力」的深刻實踐：

- 他不否定自己的脆弱，而是讓脆弱變成他看見別人的能力；
- 他不壓抑自己的敏感，而是讓敏感變成企業文化的軟性強度；
- 他不扮演別人要的樣子，而是讓自己的樣子，成為新時代領導的樣本。

你不需要改變性格，才有資格走出低潮。你只需要開始相信你的性格也可以成為復原的力量源頭，只要你肯認識它、設計它、擁抱它。

就像納德拉讓世界看到的那樣：一個安靜、細膩、緩慢但堅定的人，也能走過風暴，帶著一整間公司走向未來。

第十章

財富心態與思維轉化

第十章　財富心態與思維轉化

第一節
富人思維與窮人思維：心理學角度解析

1. 思維模式才是真正的「貧富差距起點」

在表面上，財富的差距似乎來自機會、背景、教育、運氣，甚至社會制度的不公平。但從心理學與行為經濟學的角度來看，這些外在因素其實只是影響的「加速器」，而真正決定一個人能否創造財富、保有財富、甚至超越財富的，是 —— 思維模式。

心理學家卡蘿・杜維克所提出的「心態模式理論」（Mindset Theory），將人分為「固定心態」（Fixed Mindset）與「成長心態」（Growth Mindset）。前者在遇到挑戰時會認為「我不行，我沒那個天分」，後者則會思考「我還沒學會，但我可以試試」。而這個差異，對金錢行為與資源運用，也有根本性的影響。

富人思維的核心不是有多少錢，而是他們怎麼看待「機會、風險、時間與自己」。反之，窮人思維不一定真的貧窮，而是總是預設自己是「受限者」、而非「創造者」。

這樣的思維差異，就像在心理空間裡裝了不同的導航系統：一個人往資源與創新前進，另一個人則朝恐懼與安全後退。時間一拉長，這兩種系統就會讓人走向完全不同的命運座標。

2. 五種常見的「窮人思維」心理結構與其根源

我們常用「窮人思維」來形容錯誤的財富行為，但實際上，它背後往往隱藏的是某些深層的心理信念，而非單純的不理財。

第一節　富人思維與窮人思維：心理學角度解析

以下是五種常見的窮人思維模式與其心理來源：

(1) 零和信念：別人賺的就是我少的

這是一種「資源有限」的觀念，來自成長環境中競爭性強、資源稀缺的家庭教育。這種人常覺得「別人好就是我輸」，於是對合作、防禦與比較上癮。

(2) 害怕風險：賺錢不能靠運氣，也不能冒險

背後多為「失敗即是恥辱」的認知，常見於過度評價「穩定」為人生唯一選項的人。他們過度保守，不是因為懂風險，而是因為怕面對不確定的自己。

(3) 自我設限：我不懂錢，我天生就不會理財

來自早期失敗經驗未被修復，導致對財務學習產生學習無助感。他們不是沒有能力，而是一開始就把金錢看成跟自己無關的東西。

(4) 短期成癮：只活在這一刻，沒想明天怎麼辦

這類型者常伴隨情緒性消費，來自早期缺乏安全感，只能從即時滿足中感受到「我有選擇」的幻覺。

(5) 價值混淆：賺錢好像很俗氣，做喜歡的事才高尚

這是理想與金錢對立的產物，特別常見於創意工作者。他們往往將金錢與道德混為一談，無法建立「我有價值→我值得被付費」的邏輯橋梁。

這些窮人思維不是個性問題，而是心理架構上的預設。要改變財富狀態，首先要看清自己是哪一種心理盲點在掌舵。

第十章　財富心態與思維轉化

3. MBTI 性格與財富偏誤：你對金錢的預設，是怎麼來的？

每一種性格在面對金錢時，都有其特定的「心理預設路徑」。這些路徑，會決定你是否願意投資、是否害怕失敗、是否懂得累積，以及你對「有錢人」的情緒反應。

F 型人格（情感導向）

容易因道德感而排斥錢：例如「錢太多會讓人變壞」、「真正的價值不是金錢能衡量」；

適應策略：建立「價值→報酬」的正向回饋模型，讓自己理解賺錢不是變壞，而是把影響力轉化為實質能量。

T 型人格（邏輯導向）

偏好理性分析，但容易陷入「高門檻啟動」：例如「我不夠懂，不投資比較安全」；

適應策略：允許「小步測試」，透過實驗型理財策略取代全盤規劃，避免因完美主義延遲財富成長。

J 型人格（結構導向）

重視控制與規律，但可能排斥彈性收入與非傳統財路；

適應策略：建立「不確定中的可控框架」，如固定金額投資於變動資產，讓自己學習在安全中擁抱變化。

P 型人格（彈性導向）

對未來規劃較鬆散，容易花錢快、累積慢；

適應策略：建立「自動儲蓄」與「任務式消費」制度，例如每完成一項創作才能花特定金額，創造成就導向的消費節奏。

第一節　富人思維與窮人思維：心理學角度解析

當你看懂你的性格如何對金錢產生偏誤，就能開始設計屬於你的思維補丁與理財習慣。

記住：性格不決定貧富，但性格決定你對貧富的反應方式。

4. 富人思維的三個核心心理特徵

從心理與行為經濟學的研究中，我們可以發現「富人思維」其實不是一種結果導向的強勢性格，而是三種可以培養的心理狀態：

(1) 延遲滿足能力（Delayed Gratification）

代表能力：願意為長期結果犧牲短期快感；

對應實踐：設計「時間錯位獎勵系統」，如「儲蓄目標達成才進行大額購物」；

關鍵意義：看得見未來，是一種「主動掌握時間」的權利。

(2) 機會辨識能力（Opportunity Framing）

代表能力：能夠在他人看到風險時，看到轉機；

對應實踐：每天記錄「三件可能轉化的機會」，訓練自己在資訊雜音中看見可能性；

關鍵意義：富人不是看到什麼就做什麼，而是選對自己適合的那一種資源場域。

(3) 自我責任信念（Ownership Belief）

代表能力：無論失敗還是成功，都不推諉、不依賴、不怨天；

對應實踐：面對金錢決策錯誤時，練習寫「自我反省三句」，如「這是我選擇的，下一次我會更明確設限」；

第十章　財富心態與思維轉化

關鍵意義：心理上的主人翁感，是真正財富累積的起點。

這三個能力，不會因為你月薪多寡、自主創業與否而不同，它們是內在財富的認知肌肉，越鍛鍊，越容易吸引實際的資源靠近你。

5. 思維轉化練習：打造你的「財富觀覺醒筆記」

學會富人思維不是一瞬間的轉念，而是持續性對舊有思維進行拆解與重組的過程。以下是一個實用且具操作性的練習工具：財富觀覺醒筆記，建議每日或每週進行一次反思記錄。

步驟一：覺察金錢行為

今日有無情緒性消費？

有無因害怕錯失機會而強行投資？

有無因「配不上」的感覺而婉拒合作或報酬？

步驟二：寫下當下思維句子

「我覺得我不值得拿那麼多錢。」

「我怕失敗會讓人看不起我。」

「錢好像會讓我變得不像我自己。」

步驟三：用富人思維重寫這句話

「當我拿到高報酬時，表示我創造了價值。」

「失敗是我進步的門票，不是懲罰。」

「我可以又真實、又擁有財富，這兩者不衝突。」

長期練習下來，你會開始發現自己內部的金錢語言系統正在改寫，你也會從「反射式防衛」轉向「意識型創造」，這就是財富真正的心理覺醒。

　　財富從來不只是銀行裡的數字，而是你對於自己價值的理解方式。而理解自己的人，永遠不會長期貧窮。

第二節
風險偏好與理財性格配對

1. 真正適合你的理財策略，不能違反你的天性

投資理財的世界充滿各種成功範例與爆紅策略：有人靠加密貨幣賺進千萬，有人堅守定期定額獲得穩定複利，有人短線衝刺，有人長期布局。但為什麼這些方法一換到你手上，卻不是踩雷就是半途而廢？

問題不在策略本身，而在於這個策略是否吻合你的風險心理結構與性格節奏。

行為金融學指出：「財富不是靠機運，而是靠與風險做朋友的方式。」而「風險」這個概念，不單只是市場波動的幅度，更是一個人內在對不確定感的感受程度與回應機制。

你不怕風險，是因為你感覺自己還在掌控範圍；你怕風險，是因為你不確定會不會失控。所以關鍵不在於風險多高，而在於你怎麼感知與詮釋風險。

若你不了解自己的風險偏好，就會不停嘗試市場上「別人說有用」的投資方法，卻沒有一種走得長久。只有當你選擇一條「不需要對抗自己性格」的理財路徑，財富才可能真正累積。

2. 行為金融學中的風險偏好四型與其心理結構

經典行為金融研究中，常將投資者依風險傾向分為四類。這四類不只是表現出來的選擇差異，更是深層心理與決策風格的映照：

第二節　風險偏好與理財性格配對

(1) 風險趨避型（Risk-Averse）

　　特徵：強烈傾向保留本金，面對小利也願意鎖定收穫；

　　心理根源：高控制需求＋高損失敏感度；

　　常見陷阱：害怕資本縮水，錯失長期報酬機會。

(2) 中性平衡型（Risk-Neutral）

　　特徵：願意在風險與報酬間取中庸之道，不走極端；

　　心理根源：重視計劃與配置邏輯，避免被情緒帶走；

　　常見陷阱：過度分散而失去策略集中力。

(3) 機會型（Risk-Seeking）

　　特徵：偏好高報酬產品，如創投、加密資產或槓桿工具；

　　心理根源：成就導向＋「贏了再說」思維；

　　常見陷阱：忽略潛在風險或將成功歸因於個人判斷。

(4) 情緒型（Risk-Emotional）

　　特徵：投資行為高度受市場氣氛、社群氛圍影響；

　　心理根源：情緒共振強，容易恐慌或 FOMO（錯失恐懼）；

　　常見陷阱：買在高點、賣在恐慌，難以長期穩定持有。

　　而這些風險偏好背後，其實都與個體的性格傾向高度相關。若我們進一步結合 MBTI，就能更細緻地描繪每種性格的理財盲點與優勢區。

3. MBTI 性格與風險偏好對照：你的性格決定你怎麼面對波動

　　MBTI 性格中的每個向度，都會影響你對風險的解釋與行動方式。了解這些潛在傾向，可以幫助你建立不內耗的理財模式。

(1) T/F 向度：決策邏輯與風險容忍方式的不同

T 型（邏輯導向）：傾向以理性計算來判斷風險，對市場資料與歷史走勢有高度關注。雖然能接受風險，但往往設有精密風控框架。

理財建議：適合中性平衡型配置，如指數基金＋特定主題型 ETF ＋保守型現金流商品（如高股息股票）。

F 型（情感導向）：決策依情緒狀態與人際回饋而起伏較大。常因情緒波動而對市場不安，容易在劇烈波動時產生非理性操作。

理財建議：配置以長期穩定現金流產品為主，如定存、穩定配息 REITs、保本型保險商品，並搭配自動投資工具減少情緒干擾。

(2) P/J 向度：風險調整策略與管理習慣差異

J 型（結構導向）：計劃性強，傾向建立「預設路徑」與「風險區間」，不喜歡劇烈變動。容易低估非預期的可能性。

理財建議：適合採用「預設分流」模式管理資金，如月投型 ETF ＋目標式儲蓄計畫＋年度審計機制。

P 型（彈性導向）：傾向隨市場節奏調整策略，風險容忍彈性大，但容易因缺乏規劃導致財務混亂。

理財建議：使用「半自動化投資系統」，如理財 App、懶人組合基金，並結合「可用現金上限」制度避免過度操作。

(3) I/E 向度：風險資訊處理與決策節奏

I 型（內向導向）：需要長時間思考才能做出投資行動，偏好自己研究與判斷，不易受市場情緒影響，但行動速度慢。

理財建議：設計「固定週期審視制度」，如每季調整一次部位，並設置「預設止損規則」，避免長期觀望。

E 型（外向導向）：受社群與他人經驗影響大，善於交流，但容易受到輿論情緒波動影響操作判斷。

理財建議：設立「理財討論冷靜區」，即做決策前需先休息 24 小時，並每週檢討「情緒性決策」次數。

(4) S/N 向度：風險的理解方式與布局視角

S 型（感官導向）：偏好具體數據與立即可見成效，重視穩定與細節，對抽象風險較難掌握。

理財建議：以「視覺化現金流」產品為主，如高配息股、短期債券型基金，並使用資產儀表板掌控進度。

N 型（直覺導向）：擅長未來預測與宏觀視角，具備遠見，但易忽略實際風險控管。

理財建議：建構「夢想型長期資產池」，如指數基金＋創新型產業配置，同時建立「風險停損條件表」進行策略回測。

認識這些性格對應的風險反應模式，你就能為自己選擇既能承受又能發揮優勢的理財工具與節奏，不再依賴「市場說什麼」，而是靠「性格說了算」。

4. 配對你的理財性格：三種主導式財務人格建議

在整合 MBTI 性格與風險偏好後，我們可以歸納出三種理財人格主軸與其建議配對策略。這不是把人分類，而是幫你找到一條不痛苦也不違心的財富成長路。

(1) 策略規劃型（J+T 傾向）

偏好結構、邏輯與預設路徑；

第十章　財富心態與思維轉化

容忍風險的前提是「能控、能預測」；

建議配置：70%主力在固定收益型工具＋20%在主題型ETF＋10%創新投資實驗池。

(2)探索型 (P+N 傾向)

對新機會敏感，喜愛趨勢型資產；

易受情緒推動，需要自動化與邊界設計；

建議配置：50%自動投資工具（如機器人理財）＋30%長期布局基金＋20%創新資產。

(3)穩定感導向型 (F+S 傾向)

重視安心感、可預測與人際安全；

容忍風險低但行動力強；

建議配置：60%穩定收益型資產（如定存、保本基金）＋30%安全型ETF＋10%預備金制度。

每一種組合，都是性格與財富共生的設計。你不需要改變本性，只需要認出自己的預設節奏，然後幫它設計一套可長可久的運作系統。

5.用性格幫你賺錢，而不是讓理財毀掉你

很多人一聽到理財、投資，就開始焦慮，覺得自己不懂市場、沒天分、太懶得算、跟不上別人。但這些壓力的源頭，其實來自一件事：你嘗試用別人的節奏，硬塞進你自己的系統裡。

就像穿鞋要合腳、飲食要看體質，理財也必須合性格。你的風險偏好不是弱點，而是你最該尊重的心理節奏。你如果常常後悔、常常放棄、常常做不到，其實不是你不行，而是方法錯了。

第二節　風險偏好與理財性格配對

請你記得：不是你不適合理財，是那個理財法不適合你。

真正成熟的財富思維，是這樣的：

- 我知道我不會短線操作，所以我就選擇不需要盯盤的投資方式；
- 我知道我情緒起伏大，所以我設計「先休息一天再決定的規則」；
- 我知道我喜歡新東西，但會衝動，所以我限制創新資產只占 10%。

這樣做，不是保守，而是聰明。因為懂得敬畏自己的人，才有資格駕馭金錢。

你越理解自己，就越能建立屬於你的財富系統。不是複製別人賺錢的方式，而是設計你自己可以長久使用的理財人生。

第十章　財富心態與思維轉化

第三節
成功不是靠機運，而是靠認知模型

1. 機會來了，你有沒有一個能接住它的大腦框架？

「機會只眷顧準備好的人」這句話你聽過，但什麼叫「準備好」？難道是學歷夠高、履歷夠亮、工作夠努力嗎？

如果我們用心理學的視角來看，「準備好」真正的意思是：你有沒有一個能夠解析世界、快速辨識重點、並轉化資訊為行動的認知結構。這套結構，就是我們說的「認知模型」（cognitive model）或「心智模式」（mental model）。

心理學家 Herbert Simon 曾提出：「人不是在追求最佳選擇，而是在他有限的認知系統裡，做出最可行的決策。」這句話的含義在於 ── 你看待世界的方式，才是真正決定你能不能「看見機會」的核心。

真正的成功者並不是機運好，而是他們一再演練出一套「怎麼看世界、怎麼拆問題、怎麼找資源」的認知程式。這種程式就像作業系統，版本越新越穩定，面對變化越有彈性。

也因此，要邁向成功，第一件事不是去追熱點、拼績效，而是 ──更新你的認知架構，從根本改寫你看事情的方式。

2. 你的認知模型，是從哪裡長出來的？

我們每個人對世界的理解，並不是一開始就有，而是從經驗中「建構」出來的。這套建構過程，從家庭、學校、社會互動，到你如何處理失敗與成功，都會決定你認知的深度與彈性。

第三節　成功不是靠機運，而是靠認知模型

心理學家 Jean Piaget 的認知發展理論指出，個體的學習模式與認知結構會隨時間演化，但若缺乏意識介入，人的認知框架很容易停留在「熟悉區」。也就是說，你會一直用舊有方式處理新問題，然後陷入一種不知為何總是卡關的循環。

以理財為例：有些人聽到投資就說「我不懂」，這句話本身就是一種認知結構的保護機制，源自於早期「失敗經驗未被消化」。而有些人一看到新產品就立刻投入，則可能是因為他們的認知模型只有「搶先機才有錢賺」這一個簡化策略。

這些思維不見得錯，但如果你從未審視它們是否合適、是否仍然有效，那麼這些你習以為常的想法，就可能成為你通往成功最大的盲點。

認知模型不只決定你怎麼學習與行動，更決定你能不能進步 —— 也因此，它不是一組知識，而是一種系統更新能力。

3. 你的性格怎麼看世界，就決定你會錯過什麼可能性

每一種 MBTI 性格類型，都有其對世界的感知焦點與資訊解碼方式。這些差異會影響你學習的方式、應變的速度，以及你選擇做決策時偏好的思維節奏。

(1) N 與 S：看的是趨勢還是細節？

N 型（直覺導向）：偏好從大局、願景、隱含規則切入；擅長做未來規劃與趨勢判斷。缺點是容易忽略眼前實際風險與基礎步驟。

S 型（感官導向）：重視當下具體資訊與事實證據；擅長落地執行與邏輯拆解。缺點是容易固守現況，不敢預測與試錯。

第十章　財富心態與思維轉化

(2) T 與 F：你是以邏輯分類，還是以情境理解？

T 型（邏輯導向）：會問「這個結構合理嗎？有什麼變因未考慮？」；適合系統建構與流程優化。

F 型（情感導向）：會問「這樣對人會怎麼樣？會不會讓人不舒服？」；擅長設計互動、提升影響力與信任力。

(3) P 與 J：你是彈性探索，還是控制節奏？

J 型（計畫導向）：喜歡固定流程與目標導向式規劃；適合建立可預測與可控制的模型。

P 型（彈性導向）：習慣邊走邊看，能快速反應環境變化；適合探索型學習與測試型思維。

知道自己偏好的思考邏輯，就能開始補上「看不見的那一塊」：

- N 型應練習資料蒐集與驗證；
- S 型可強化抽象聯想與未來模擬；
- T 型需建立人際變因模型；
- F 型則可透過流程與結構提升策略效率；
- J 型適合增加「意外預測」模組；
- P 型則應練習中期規劃與任務收尾習慣。

成功不是思考量多，而是你的思考能不能補足盲區、連成邏輯、轉成行動。

4. 三種高效認知模型：成功者習慣怎麼「看問題」？

從訪談上百位企業家、創新者與自我實現者的心理結構後，我們可以歸納出三種最常見的認知模型，它們不是職位相關，而是他們面對問題時習慣用的「思維地圖」：

第三節　成功不是靠機運，而是靠認知模型

(1) 第一性原則模型（First Principles Thinking）

代表人物：伊隆·馬斯克

操作方式：將每個問題拆回最根本的構成因素，重構解法，不用慣性做法；

啟動條件：你必須願意質疑所有前提，並花時間重建邏輯。

(2) 回饋循環模型（Feedback Loop Mapping）

代表人物：比爾蓋茲

操作方式：把每個決策視為動態調整系統，觀察回饋、調整參數；

啟動條件：你要有延遲判斷的耐性，並建立「長期輸出對照表」。

(3) 情境投影模型（Scenario Modeling）

代表人物：歐普拉·溫芙蕾

操作方式：從「如果我是他」開始，投射不同角色的反應，找出多方可行策略；

啟動條件：需有高度同理心與角色轉換能力，適用於人際策略與品牌溝通。

你不需要三種都會，但你需要選擇一種與你性格最接近的模型開始練習。因為好的認知模型，是能被你反覆使用的「可攜式策略框架」，而不是一時的靈感閃現。

5. 建立你的認知升級路徑：每天都比昨天看得更清楚一點

要改變命運，不是靠「做更多事」，而是靠「用更清晰的腦」。而清晰的腦，不是與生俱來，而是每天透過結構化的練習，一點一滴「整理世界」的能力。

第十章　財富心態與思維轉化

以下是設計你個人化「認知升級路徑」的三個步驟：

第一步：建立認知日誌

每天記錄三個問題：「今天我判斷了什麼？用了什麼模型？結果怎麼樣？」

這能讓你累積一份「判斷歷史資料庫」，提高預測準確率。

第二步：制定每月「模型模仿挑戰」

每月選一位你欣賞的成功者，拆解他的思考邏輯，模仿一次他的問題拆解流程。

例：「這個月我模仿查理・蒙格的反向思考，拆解我目前的職涯卡關。」

第三步：設立「盲點清單」並對應性格練習

例：我是 N 型→容易忽略細節→練習一週只處理「執行事項」；

我是 F 型→過度同理導致行動拖延→建立「先做後修對話模板」。

這些練習，不是讓你變成誰，而是讓你成為更懂怎麼做自己的你。

當你能用屬於自己的方式，看懂這個世界、拆解問題、設計行動，你就不再靠運氣，而是靠你自己的認知結構，去創造屬於你自己的成功模型。

第四節
記帳與心理帳戶：讓金錢跟著性格走

1. 你以為自己沒錢，其實只是沒看見錢去了哪裡

你可能曾經試過記帳 App、紙本記帳、信用卡整合報表，甚至每花一筆錢就拍照記錄，但最後的結果往往是：記帳三天、荒廢三週；每月回顧，除了罪惡感還是罪惡感。

問題不在於工具，而在於記帳這件事本身若沒有意義感與回饋感，終將無法持續。

行為經濟學家理察·塞勒（Richard Thaler）提出的「心理帳戶理論」（Mental Accounting）指出：人們會不自覺地將金錢分門別類，並賦予它不同的心理價值。例如：年終獎金會被當作「犒賞自己」的帳戶，即使你明知那是薪資的一部分，也會更容易拿去大吃大喝；而相同金額的損失，發生在「旅行基金」與「孩子學費」上，帶來的痛苦感會截然不同。

也就是說，你從來不是沒有在記帳，而是你一直都在用「心理帳戶」在花錢。

如果你無法意識到這些心理分類是怎麼運作的，那你再怎麼記帳，都只能看到數字的流動，卻看不見「意圖的模式」。

而這個「看不見的錢」，才是真正讓人財富流失的核心盲點。

2. 心理帳戶的四種迷思：你以為的控制，其實是情緒設限

為什麼我們會不自覺地把錢分門別類？因為金錢從來不是中性的數字，而是情緒、信念、身分與記憶的總和。

第十章　財富心態與思維轉化

Thaler 歸納出幾種常見的心理帳戶迷思：

(1) 來源迷思：錢從哪來，怎麼花就不一樣

領薪水的錢用得小心翼翼，賭博中獎或紅包錢則揮霍無度。

解法：練習將所有收入進入「統一進帳池」，由「需求邏輯」決定使用優先順序，而非「情緒標籤」。

(2) 情境框架錯誤：同樣金額，在不同情境下價值變形

花 2,000 元買演唱會票覺得合理，但花同樣金額買工作書卻猶豫半天。

解法：每月設定「能力增值帳戶」與「娛樂帳戶」，預先分配情境金額，避免過度情緒比較。

(3) 補償型消費：為了壓力或犒賞自己找藉口開支

常見於壓力型上班族：「今天很累，所以值得吃大餐」。

解法：建立「情緒處理不靠花錢」的選項清單，讓補償行為有替代方案。

(4) 混淆儲蓄與投資帳戶：錢只存進去但從不放大

很多人強調存錢，但不做任何資產配置，反讓資金流失購買力。

解法：為「未來帳戶」設計雙層策略——保守儲蓄＋穩健投資，讓資金有流動與增值的平衡。

這些心理帳戶的錯誤，不是你不懂錢，而是你太容易用情緒替錢命名，卻忘了錢本身沒有情緒。

3. 你的性格怎麼分類世界，就怎麼分類金錢

記帳之所以難以持續，往往不是意志力不足，而是方法與性格衝突。MBTI 性格模型提供我們一個重要視角：不同性格的人，會用不同邏輯解讀錢的意義與分類方式。

以下是常見性格向度與記帳偏好對照：

(1) T 型 vs. F 型：你記的是數字，還是情緒？

T 型（邏輯導向）：偏好明確分類與收支平衡表式記錄。記帳時會注重分類邏輯與分析功能，適合使用 Excel 或財務儀表板工具。

持續關鍵：每月設立「偏差分析回顧」，強化數據解釋與決策連動。

F 型（情感導向）：記帳容易受心情影響，可能會因為「花了就不想面對」而逃避記錄。反而適合情境式記帳法，例如「今天的這筆花費讓我快樂嗎？」。

持續關鍵：將記帳設計為「情緒回顧日誌」，結合自我關照與財務反思。

(2) J 型 vs. P 型：你要掌控現況，還是探索可能？

J 型（結構導向）：適合預算制與月目標追蹤，愛用表格、分期、目標達成記錄。

持續關鍵：設置「儲蓄進度條」與「超支警示」，讓記帳成為一種控制力展現。

P 型（彈性導向）：討厭規定與限制，容易中斷記帳。適合使用故事化、任務導向 App（例如透過完成任務可解鎖更多記錄權限）。

持續關鍵：設計「任務式記帳挑戰」，如「連續記三天可犒賞一杯咖啡」。

第十章　財富心態與思維轉化

(3) S 型 vs. N 型：你是累積細節，還是捕捉趨勢？

S 型（感官導向）：記帳偏好實體化、日常化，例如現金袋分類、小本子記錄、收據歸檔。

持續關鍵：搭配視覺化帳戶分色系統，如「紅＝風險支出，綠＝成長支出」。

N 型（直覺導向）：容易在一開始高熱情後快速疲乏，需創意化介面與「願景導向的記帳目標」支持。

持續關鍵：設立「夢想帳戶儀表板」，例如每月達成儲蓄進度後可以撥一筆錢進「探索基金」。

透過這些性格導向的記帳設計，你會發現，記帳不是控制金錢，而是了解你與金錢的互動語言。

4. 心理帳戶重建練習：為你的金錢建立一個新故事

如果你過去總是記帳失敗、覺得錢永遠不夠、無法從支出中感受到進展感，那麼你需要的不是更嚴格的紀律，而是──用性格重新設計心理帳戶結構。

以下是一個五步驟練習流程，協助你重建金錢分類邏輯：

步驟一：寫下你所有的花錢場景與感受

例：「Uber 花得毫不手軟，是因為我害怕遲到給人壞印象」；

目的：辨識背後的情緒驅動邏輯。

步驟二：把這些支出分類為「心理目的」而非支出類別

分為四類：「求生帳戶」、「社交帳戶」、「情緒帳戶」、「成長帳戶」。

步驟三：分析哪一類最耗能、哪一類最讓你有成就感

這可作為你下一輪資源分配的優化方向。

步驟四：為每一個心理帳戶設定「合理預算」與「超標處理機制」

例如：「情緒帳戶」每週上限 1,000 元，若超出則需完成「替代行為任務」。

步驟五：每月做一次「帳戶對話」寫下這五句話：

- 這個月我用最多錢的，是哪種心理需求？
- 我有沒有用錢去填補本該用時間處理的問題？
- 有沒有一筆錢花得很值得？為什麼？
- 哪一筆支出代表了我真正想成為的人？
- 下個月我想讓哪個帳戶多一點空間？

這不只是理財練習，更是自我覺察的方式。當你開始這樣記帳，你會發現，金錢不是用來限制你的，而是用來告訴你自己正在怎麼過生活。

5. 記帳的終點，不是控制，而是讓你愛上金錢的節奏

當我們學會用性格去設計記帳方式、用心理帳戶去拆解支出行為後，記帳就不再只是數字記錄，而是變成一種自我理解的日常儀式。

你會開始發現，錢其實沒有消失，只是去了你未察覺的地方；你也會慢慢理解，自己不是沒錢，而是沒花在讓你變得更好的人生計畫上。

讓金錢跟著性格走，不是讓你花得更任性，而是讓你知道：你可以用舒服、不內耗的方式建立財富紀律；你可以用符合天性的節奏，堆疊出你想要的生活模樣。

第十章　財富心態與思維轉化

記帳不是財務管理的終點，而是讓你重拾對生活主控感的起點。

從今天起，請你不是只是「記帳」，而是去「讀懂自己的金錢故事」。當你看懂那個故事，你會知道，成功從來不只是賺更多錢，而是 —— 你終於花錢在值得你活得更像自己的地方。

第五節
金錢焦慮的根源與修復練習

1. 錢不是讓你最焦慮的東西，但它最容易讓你感覺失控

有沒有一種情況你很熟悉 —— 明明帳戶還有錢，卻總覺得「不夠用」；剛領薪水就想趕快付清所有帳單，好像不趕快用掉就會出問題；或是當別人談到投資、存錢、財富自由，你不是羨慕，而是下意識地煩躁、焦慮、想離開話題。

這些看似無邏輯的金錢反應，其實都是金錢焦慮在發作。這種焦慮不一定與你實際的收入或財富狀況有關，而是與你內在對「安全」、「價值」、「掌控」的感受緊密相連。

心理學家 Thomas Cash 指出：「金錢是自我價值與安全感的外部代表物。」也就是說，當你無法穩定地掌握金錢流動時，你會錯誤地解讀為「我無法掌握自己的人生」。

這種解讀，會引發情緒循環、觸發焦慮機制，導致你出現兩種極端反應：不是過度控制金錢（例如極端節省、強迫記帳），就是逃避金錢（例如不敢看帳單、買東西靠情緒決定）。

真正需要被修復的，不只是金錢流動，而是你內心與「控制感」的關係。

2. 你對金錢的恐懼，其實來自你童年對「不確定感」的記憶

多數人並不知道，金錢焦慮的根源其實可以追溯到早期生活經驗。根據臨床心理學家 Brad Klontz 的研究，家庭對金錢的態度會以「隱性規則」的方式影響我們的財務行為。

第十章　財富心態與思維轉化

舉例來說：

- 如果你從小常聽到「錢很難賺，不能亂花」，你可能長大後會對花錢感到罪惡，或習慣把錢藏起來不敢動；
- 如果你常看到父母因金錢爭吵，潛意識就會把「金錢＝衝突」，長大後你可能會逃避與伴侶討論財務話題；
- 如果你經歷過家境劇烈波動（突然失業、破產、搬家），你會對「金錢不穩定＝人生會崩壞」產生過度連結，這種連結會在成長過程中不斷被觸發。

這些經驗沒有被你忘記，它們只是變成「自動反應系統」藏在你的理財決策裡：你以為你在怕賠錢，其實你在怕自己又失去控制感；你以為你對錢不在乎，其實你只是不敢再面對自己「沒有選擇」的狀態。

真正的金錢焦慮，是一種早期創傷與當前壓力交疊後，產生的控制失衡感。

3. 性格決定你怎麼焦慮，而非你焦慮與否

焦慮是人類的本能，但不同性格會用不同方式表現與應對。MBTI 性格模型提供我們理解金錢焦慮反應的有力架構，幫助我們從行為背後看見「防衛機制」是如何因性格不同而轉化的。

F 型（情感導向）

焦慮特徵：過度補償型消費，如「犒賞自己」或「情緒型購物」；

內在語言：「我今天真的很辛苦，這筆花費是應該的。」

修復方向：從「花錢減壓」轉為「用錢照顧自己」——建立正向儀式替代衝動支出（例如泡澡、寫字、冥想）。

T 型（邏輯導向）

焦慮特徵：過度理性壓抑，如「能不花就不花」、推遲必須的支出；

內在語言：「不確定的事我不碰，所以我不要投資。」

修復方向：允許「風險試算」而非「風險逃避」—— 設立低門檻投資測試區（例如每月 1,000 元試驗基金）。

J 型（計畫導向）

焦慮特徵：對財務進度過度執著，如「預算一失控就焦慮」、無法接受支出超預期；

內在語言：「一旦亂了，我整個人就慌了。」

修復方向：訓練「預設彈性區」—— 每月預算預留 10% 不設定用途，給不確定性一點呼吸空間。

P 型（彈性導向）

焦慮特徵：逃避金錢話題或延遲處理帳單，如「反正不看也不會爆炸吧」；

內在語言：「反正我也改不了這習慣，不如裝沒事。」

修復方向：導入「節奏式接觸金錢」習慣 —— 每天看一次帳戶 5 分鐘，不討論、只觀察，不設 KPI。

這些性格反應不是缺陷，而是你的心理在自保。關鍵在於你能不能看懂自己的焦慮模式，並設計一種不需要壓抑自己、也能安住自己的金錢節奏。

4. 金錢信任重建四步驟：用行動重設你的安全感

真正的財富自由，不只是資產的增加，而是你可以在「不確定中仍感到穩定」。這需要一種對金錢的基本信任，而這種信任，是可以透過具體行動重新建立的。

步驟一：每日關帳儀式（Daily Closure）

每天睡前記錄三件事：

- 今天有沒有任何不安的金錢念頭？
- 有沒有一筆「非必要但滿足」的支出？
- 有沒有一個瞬間讓你感覺「其實我還可以」？

此儀式能讓你建立「我其實有在掌握中」的情緒實感。

步驟二：建立情緒帳戶地圖

將過去一週的支出依「觸發情緒」分類：壓力→吃、空虛→網購、期待→旅行預訂等；

透過圖像化分析了解情緒與金錢的連動性，從情緒源頭做資源分配調整。

步驟三：為恐懼命名與拆解

每當出現「怕錢不夠」、「怕投資錯」、「怕人生輸掉」等念頭時，寫下它並回答：

- 這個怕的畫面是什麼？
- 它真的發生機率有多高？
- 我今天能做一件讓它降低1%的行動是什麼？

步驟四：設定「財務安心日」

每月固定一天，與自己或信任的人一起回顧金錢狀態；

在這天你不做責備、不做比較，只做「照顧與調整」；

每一次檢視，都是一種安全感的累積行動。

這四個步驟看似簡單，卻是從「身體－情緒－行為」三層同時作用的設計。當你每一次照顧自己的金錢情緒，你其實在對自己說 —— 我不是無力的，我可以是可靠的。

5. 當你不再怕錢，才會真的開始為自己累積未來

很多人以為，只要賺得夠多、投資得夠穩，就能擺脫金錢焦慮。但事實恰恰相反 —— 焦慮從來不是因為沒有錢，而是你從未學會相信自己可以處理金錢。

你可能曾經害怕金錢帶來的衝突、焦慮、責任感，於是你選擇了逃避、控制、冷感，甚至是假裝不在乎。但這些選擇只會讓你與錢的關係越來越遠，最終讓你更容易陷入恐慌循環。

重建金錢信任，從來不需要你突然變得超強理財高手，也不需要你立刻暴富。而是 —— 你願不願意每天多照顧自己一點，慢慢讓金錢變成你的夥伴，而不是壓力來源。

因為真正的富裕，不是你賺多少，而是你內心有多穩。有錢的人很多，但不焦慮地擁有金錢的人，才是真正自由的那群人。

第十章　財富心態與思維轉化

第十一章

創造高影響力的決策模型

第十一章　創造高影響力的決策模型

第一節　系統一與系統二思維的應用

1. 你不是做錯選擇，而是用錯大腦系統在做選擇

我們常以為自己是理性動物，做每一個決定都是深思熟慮的結果，但實際上，多數決策的起點，都是「潛意識快速判斷」——也就是丹尼爾·康納曼在《快思慢想》中所定義的「系統一思維」：迅速、自動、直覺、情緒驅動。

而相對的，「系統二思維」則是慢速、邏輯、分析與可反省的思考模式。當你需要做複雜推理、財務規劃、策略選擇時，就必須啟動這個較耗能的思維模式。

問題在於，大多數人在面對高風險決策時，仍然習慣用「系統一」快速反應，導致錯判情勢。例如：一聽到市場暴跌就賣出、一看到別人成功就跟風、對某個人有好感就不驗證資訊來源——這些都是系統一過度主導的結果。

康納曼指出：「大腦偏愛能量保存，因此傾向使用自動化思考。」這就像你走進一家餐廳時，不自覺就坐靠窗的位置，或者聽到熟悉品牌名就以為品質較佳——這些不是經過分析的決定，而是「直覺記憶」在運作。

高影響力的決策能力，來自於你能不能在該快的時候快，該慢的時候慢。真正的聰明，不是反應快，而是知道什麼時候該讓系統一休息，讓系統二上場。

2. 系統一的優勢與陷阱：它不是壞，而是需要被駕馭

系統一思維並非敵人。事實上，我們的大腦一天要處理超過三萬個微型決策，若每件事都進入系統二處理，早已過載崩潰。因此，系統一是效率的起點，是我們能在複雜世界中生存的節能助手。

它的優點在於：

- 快速判斷力：遇到緊急情境（如過馬路、應對突發問題）能立即反應；
- 模式辨識：累積經驗後能迅速辨認趨勢與線索；
- 節省能量：不需反覆推理即可完成例行任務（如開車、刷牙、報帳等）。

但當你面對的是以下這些情境時，若仍使用系統一，就會出現嚴重誤判：

- 涉及利益牽扯的抉擇（如投資、報價、談判）；
- 需要資料整合與比較的選擇（如選擇職涯路線、合作夥伴）；
- 具有認知偏誤風險的場景（如團體跟風、沉沒成本效應、過度自信等）。

這些時候若未啟動系統二，便容易因「自動化直覺」出現系統性錯誤。

康納曼在實驗中發現：「人們常在有把握的情況下做錯決定，因為他們太信任自己的直覺記憶。」也因此，駕馭系統一的關鍵，不是排斥它，而是訓練自己辨認什麼情境該暫停它的介入。

3. 系統二不是「聰明思考」，而是一種決策肌肉

與系統一的自動化快速反應不同，系統二需要刻意啟動。它會消耗腦力資源，因此多數人會自然地避免它。但真正影響命運的決策──轉職、結婚、創業、投資、斷捨離人際關係──無一不是需要系統二參與的選擇。

系統二的核心特徵包括：

- **延遲判斷**：在做出結論前，容許自己經歷不確定與資訊收集的過程；
- **反思能力**：能跳出情緒與偏誤，從更高視角檢查自己在做什麼；
- **模型思維**：用邏輯或結構性框架組織問題與資源（如 SWOT、PDCA、逆向思考等）。

啟動系統二不是靠意志力，而是靠「設計」。你可以透過以下方式訓練自己的系統二肌肉：

- **三秒鐘延遲決策法**：每當要做重要決策時，先寫下兩個問題：「我為何想這樣決定？有什麼別的選項？」；
- **決策對話筆記**：每週寫一次「我這週最重要的決策是什麼？它是否經過反思？還有哪些盲點？」；
- **建立情境切換儀式**：例如點一支蠟燭、換一張桌墊、播放特定音樂，讓身體知道「我要進入思考模式」──這是身心協調的切換鍵。

請記住，系統二不是變聰明，而是讓你在高風險、高影響場景中，有能力停止反射、啟動覺察。

4. MBTI 與決策系統的選擇傾向：你習慣用哪個系統看世界？

MBTI 性格在決策風格上的影響，直接關係到你偏好哪一種思維系統。例如：

N 型（直覺導向）＋P 型（彈性導向）的人

通常依賴系統一，靠直覺與當下感受快速做決策；但容易錯過風險訊號或忽略細節，出現後悔；

建議設立「延遲機制」，例如重大決策需等待 48 小時，或與信任對象進行對話模擬，讓系統二有時間上場。

S 型（感官導向）＋J 型（計畫導向）的人

偏好系統二，喜歡依照流程、數據與規畫做決策；優點是穩健，缺點是可能過度依賴已知資料而忽略創新選項；

建議訓練「直覺模擬」，例如刻意做「反直覺思考挑戰」——選出與原本計畫相反的決策選項來模擬後果。

F 型（情感導向）的人

常在情緒強烈時做出決策，如為了關係妥協、因內疚放棄主張；此時系統一是主導者；

建議加入「價值澄清步驟」：寫下這個決策是否符合自己三個核心價值，幫助轉換進入系統二的自我對話流程。

T 型（邏輯導向）的人

容易過度信任系統二，以為「數據說的才是正確的」，但可能忽略人際動力或情緒場域；

第十一章　創造高影響力的決策模型

建議設計「情境感知練習」：在決策過程中，加入「這件事對關係有何影響？有誰的感受沒被考慮到？」這類非理性但真實的變數思考。

沒有性格一定好或不好，關鍵是你能不能看見你偏好的決策系統在什麼場景裡有效、什麼場景裡該換系統。

5. 打造你的決策節奏：讓你能停、能快、能穩，也能改

高影響力的決策者，並不是總是做對的人，而是能有意識地選擇用什麼節奏、什麼系統、什麼模型做選擇的人。他們擁有一種獨特的能力：決策感知力（decision awareness）。

你可以透過以下方式打造屬於你的「決策節奏」系統：

(1) 決策前：啟動辨識雷達

問自己：「這個決定是高風險？高影響？高情緒？如果是，進入系統二模式。」

建立「決策三問」：我為什麼要做這決定？我忽略了什麼？我真的非現在做嗎？

(2) 決策中：切換儀式與對話引導

利用書寫、沉默、視覺轉移（走動、換位子）等方式斷開系統一慣性；

問自己：「如果我是一個陌生人，會怎麼看這件事？」

(3) 決策後：設計回顧與修正點

每週一次「決策日記」：我這週做的哪個決定最影響我？我當時用的是哪個系統？還有什麼方式可以更好？

允許「修正即勇氣」的信念，避免將決策與面子綁定，讓系統二在回顧階段也能參與。

記住：不是思考越慢越好，而是你能不能在快與慢之間找到屬於你的節奏。

當你開始有意識地管理自己的思維模式，你不只是成為一個做決策的人，而是成為一個能用思維設計命運的人。

第十一章　創造高影響力的決策模型

第二節　情緒決策與過度樂觀偏誤

1. 你不是想錯了，而是情緒先幫你做了決定

大多數人以為自己是靠邏輯做決策，實際上，我們多數時候是在「情緒中做出選擇，再用邏輯幫自己辯護」。這種現象在心理學上被稱為情緒決策（Affective Decision-Making），也就是——你的大腦其實先被感覺觸發了反應，後來才補上一套「我這樣做有道理」的說詞。

想像一下這些場景：

- 收到工作邀請，因為「對方態度很好」就立刻答應，事後才發現條件並不理想；
- 在投資時，因為看到別人賺錢、自己也「不想落後」，就在沒有研究的情況下就投入；
- 一段感情反覆傷害你，但你總覺得「對方會改變」，繼續給機會。

這些選擇背後的共同點是：理性其實並沒有參與那麼多，而情緒卻早就決定方向。

行為經濟學指出，人類的風險判斷並不是線性的，而是高度受到「當下感覺」影響。也就是說，你覺得會成功，不是因為機率變高，而是你此刻的感覺更有力。

這就是情緒決策的陷阱：它不是錯，但它太快，快到你來不及辨識這是不是你想要的選項。

第二節　情緒決策與過度樂觀偏誤

2. 過度樂觀偏誤：你以為你特別幸運，其實只是大腦的錯覺

情緒決策最常見的偏誤之一，就是過度樂觀偏誤（Optimism Bias）。這是指人類天生傾向高估自己未來成功的機率，低估失敗與風險的可能性。

舉例來說：

- 調查顯示，90％的駕駛認為自己的駕駛技術「高於平均」；
- 多數創業者在創業前相信自己會成功，儘管統計指出初創企業五年存活率不到三成；
- 人們在理財時，容易假設投資標的一路上漲、回報穩定，卻忽略市場波動的實際風險。

心理學家塔莉·沙羅特（Tali Sharot）指出，這種偏誤有其生存功能——它讓人們有勇氣面對未知，維持行動力。但在決策場域中，這樣的樂觀若不經調節，就會演變為風險忽略、資料選擇性閱讀、自我確認偏誤等問題。

過度樂觀偏誤特別容易出現在以下幾種情境中：

- 高情緒投入的決策（如戀愛、創業、家庭購屋）；
- 資訊不足但需要快速表態的場合（如競爭型應徵、商業簡報）；
- 與自我形象高度相關的選擇（如升遷、公開發言、金錢交易）。

你並非故意樂觀，而是你的大腦在幫你逃避「未知風險所帶來的不舒服感」。也就是說，你不是太自信，而是太怕不確定。

3. MBTI 性格與情緒決策：誰最容易衝動？誰最容易後悔？

每一種 MBTI 性格類型，在面對情緒時都有其偏好反應與盲區，這

第十一章　創造高影響力的決策模型

些差異會深刻影響我們的決策風格與後續情緒承受力。

F 型（情感導向）

決策特徵：重視關係與感受，常以「不想讓人失望」為理由做選擇；

容易出現的情緒偏誤：順從型決策、補償型消費、情緒性答應；

修正策略：建立「自我價值前提」，在每一次情緒決策前問：「這個選擇會讓我對自己更靠近還是更遠？」

T 型（邏輯導向）

決策特徵：表面理性，但在壓力大時會快速關閉情緒感知區，造成誤判人際變數；

容易出現的情緒偏誤：過度自信、不願修正、輕忽人際情緒線；

修正策略：為每次重大決策設計「情緒參數表」，提醒自己檢查「這件事會讓誰不舒服？我準備怎麼處理？」

J 型（結構導向）

決策特徵：追求清楚流程與掌控，容易在「已決定」之後抗拒變化；

容易出現的情緒偏誤：僵固偏誤（Sunk Cost Fallacy）、快刀斬亂麻但後悔強烈；

修正策略：設置「決策冷靜期」與「退場模擬流程」，允許自己在結構中容納情緒緩衝空間。

P 型（彈性導向）

決策特徵：偏好彈性、延後決定，容易因為情緒波動改變主意；

容易出現的情緒偏誤：逃避型延遲、衝動性選擇後懊悔；

第二節　情緒決策與過度樂觀偏誤

修正策略：設計「倒數決策法」——決策當日設一個固定時間點，時間到就必須做選擇，以免無限拖延。

這些性格傾向本身無對錯，但若未經管理，情緒就會在你不知不覺中，成為你決策的「隱形領導者」。

4. 建立情緒中立區：讓大腦有空間說「我再想一下」

情緒並不可怕，真正可怕的是我們不知道自己已經被情緒駕馭。要打破情緒決策的第一步，就是創造一個「情緒中立區」，讓你可以從情緒的海浪中爬上岸，重新檢查地圖。

以下是幾個實用策略：

(1) 寫下而不是說出來

當你被激怒、感動、慌張或興奮時，請不要馬上做決定。先用紙筆寫下你此刻的五個感受與三個想做的行動。光是這個寫作過程，就能啟動系統二，拉開情緒距離。

(2) 設立「緩衝人」制度

找一位你信任的人，設立約定：每當你感覺情緒過強想做重大決定時，先找他說 10 分鐘。他的任務不是給建議，而是陪你把話說清楚。這會大幅降低情緒偏誤。

(3) 固定使用「時間鎖」工具

對於高風險選擇（如大額消費、辭職、創業、關係告白），設置 24～72 小時的時間鎖，不允許立即執行。許多後悔，其實只差那一晚睡眠的沉澱。

(4) 設計「反向模擬問卷」

第十一章　創造高影響力的決策模型

面對每個決策，問自己：「如果這個選擇讓我五年後後悔，會是因為什麼？」這能激活你的風險感知系統，在熱情過度時重新審慎。

這些方法的本質不是要你情緒變少，而是讓你可以在情緒裡找到一個暫停鍵，而不是直接按下執行鍵。

5. 後悔最小化：打造你的「情緒穩定決策模型」

亞馬遜創辦人傑夫・貝佐斯曾說，他做人生重大決策時用的是「後悔最小化模型」（Regret Minimization Framework）：不是問「哪個會賺最多？哪個最合理？」而是問「哪個是我未來最不會後悔的選擇？」

這種思維架構，本質就是情緒決策的終極對策——與未來的自己合作，創造穩定、可承擔的選擇。

以下是一套情緒穩定決策模型練習：

第一步：情緒命名

先寫下你現在的情緒是什麼？它是因什麼觸發的？（焦慮、期待、害怕、想報復、太開心？）

第二步：想像未來

十年後的你，會怎麼看現在這個選擇？你會感謝還是後悔？後悔的可能性是來自錯誤還是沒行動？

第三步：決策衝擊評估

如果選擇 A 失敗，我會失去什麼？如果選擇 B 成功，我會獲得什麼？哪一個後果我比較能承擔？

第四步：行動前一問

「我有沒有給自己冷靜的空間？這個決定是我真心想要的，還是我想逃離當下感覺的產物？」

當你能在做選擇之前讓未來的你參與、讓理性的你介入，你就擁有了一種真正屬於成熟者的力量 —— 你不再怕錯，而是每一次都比過去更穩。

第十一章　創造高影響力的決策模型

第三節　MBTI 與決策風格差異

1. 為什麼同樣的選擇，有人快速決斷，有人猶豫不決？

我們總以為決策的關鍵在於資訊量、邏輯力與風險評估能力，但實際上，決策真正的分水嶺常常在於性格偏好。MBTI 提供了強而有力的分析框架，幫助我們理解：不同性格的人，不是因為聰明與否，而是因為他們在處理選項的方式本質上不同。

舉例來說，面對一個職涯轉職的決定：

- 有人會立即行動，邊走邊修；
- 有人會蒐集大量資料，評估細節；
- 有人重視人際影響與關係改變；
- 有人優先思考成就與邏輯回報。

這些不同，來自 MBTI 的四大向度（I/E、S/N、T/F、J/P）所交織出來的心理傾向。也就是說，你怎麼決定，其實早就寫在你的性格設定裡。

真正的高效決策，不是讓你變得不像你，而是讓你更像你自己，但又不受限於你的慣性。

2. I 與 E：你的決策，是獨處後的清晰，還是互動後的確信？

第一個決策分野，來自於你如何處理內在與外在資訊的能量源頭，也就是：你是內向（Introvert, I）還是外向（Extravert, E）？

I 型：獨處思考者

決策習慣：傾向在內心反覆演練選項，直到自己感覺踏實才做出選擇；

優勢：考慮深刻，較少後悔；

風險：容易陷入「過度思考」或遲遲無法行動；

建議策略：設定「內部成熟點」時間，例如規定自己在一週內給出決定，避免無限醞釀。

E 型：互動確認者

決策習慣：需要透過與他人對話、現場互動、資訊交流來獲得信心與方向；

優勢：行動快速、資源整合力強；

風險：容易受到情緒與他人意見牽動，忽略深層需求；

建議策略：設計「暫停帶」，如與五位以外的人談完後再進入靜態反思，平衡內外節奏。

當你知道自己偏向哪一端，就能有意識地補上另一端的資源，讓你的選擇不只是「舒服」，而是「穩定」。

3. S 與 N：你重視的是資料的現實性，還是選項的可能性？

第二個向度關係到你「看見什麼訊號」與「從哪裡下判斷」——你偏向感官（Sensing, S）還是直覺（Intuition, N）？

S 型：實證資料取向者

決策習慣：偏好具體、可量化、歷史資料支持的選項；

優勢：穩健、務實，容易落實決策；

第十一章　創造高影響力的決策模型

　　風險：排斥創新、缺乏彈性思考空間；

　　建議策略：設立「未來模擬區」，每次重大決策都要寫出三種「最壞也可能的變數」。

N 型：趨勢與隱喻型判斷者

　　決策習慣：偏好抽象原則、模式預測、願景導向；

　　優勢：具備前瞻性與宏觀布局能力；

　　風險：容易忽略細節與落地難度；

　　建議策略：建立「實踐對照表」，如每次計劃都要問：「這項行動第一步是什麼？什麼時候完成？」

　　這個差異會直接影響你做決策時的信心來源。S 型要的是確定性，N 型要的是可能性。你要懂得自己相信什麼，才知道怎麼讓自己放心。

4. T 與 F：你是邏輯裁決者，還是情感衡量者？

　　第三個向度，T（Thinking）與 F（Feeling），影響你在面對價值衝突時，會依據哪一種邏輯做出選擇。

T 型：原則導向決策者

　　決策習慣：傾向從邏輯推理、因果分析中選擇最有效率的解法；

　　優勢：可以跳脫情緒影響、快速釐清核心要素；

　　風險：容易低估人際感受、做出關係破壞性選擇；

　　建議策略：加入「情緒反向視角檢查」——每次決策請問自己：「這樣做會讓哪一個人感覺被忽略？我怎麼彌補？」

F 型：關係導向決策者

決策習慣：從關係和諧、彼此影響來評估選項，常以「這樣做對大家比較好」作為依歸；

優勢：高度共感力、擅長團隊整合與人心掌握；

風險：容易自我犧牲、拖延或選擇不利於自身發展的方案；

建議策略：建立「核心價值三原則」，每次決策前自問：「這是我想要的？還是我只是不想讓別人失望？」

T 型在意的是「對不對」，F 型關心的是「對誰比較好」。懂得這一點，你才能判斷你的選擇，是忠於內心，還是妥協了自己。

5. J 與 P：你是要掌控結果，還是保留可能性？

最後一個向度——J（Judging）與 P（Perceiving），決定你如何「收尾」你的選擇，也就是你在完成一個決策時，對「結論」與「彈性」的容忍程度。

J 型：決策推進者

決策習慣：習慣快定、快做，喜歡有明確結論與計畫表；

優勢：行動力強、執行力高；

風險：可能過早結論、忽略變化因素；

建議策略：設立「變數容納區」，每次重大選擇後都保留一個「反悔機制」或修正視窗，降低自責與僵化風險。

P 型：決策觀察者

決策習慣：偏好蒐集資訊、觀察情勢變化、保留最後決定權；

優勢：靈活應變、創新適應力高；

第十一章　創造高影響力的決策模型

風險：容易拖延、選擇太多導致焦慮與空轉；

建議策略：設置「行動開關」，規定每個決策只能評估三次，超過後必須執行第一順位選項，避免過度猶豫。

這個向度最直接影響你「能不能把選擇執行到底」。J 型要學會留白與容忍未知，P 型要學會結束與創造行動力。只有這樣，你才不是「想很多卻沒行動」的決策者。

總結：打造屬於你的決策導航系統

認識 MBTI 不是要你把自己鎖進性格框架，而是要你理解：你的選擇慣性從何而來，你的盲點又藏在哪裡。

當你知道自己是 E 型，你就會安排安靜時間做沉澱；

當你是 T 型，你就會刻意練習與人情對話的耐性；

當你是 N 型，你就知道自己需要一份 Excel 來落地創意；

當你是 P 型，你就會設個時間提醒自己：「現在是出手的時候。」

高影響力的決策，不是看起來很強，而是你能夠有意識地在自己的性格優勢裡做選擇，同時為自己的盲點預留緩衝，讓每一個決定都是對自己有交代的版本。

第四節
團隊決策心理學與集體智慧

1. 為什麼團隊裡最聰明的腦，最後做出的卻是最笨的決定？

當一群聰明人聚在一起，應該能做出更聰明的決策，不是嗎？但現實卻常常相反：越多人才的團隊，做出的決定反而越保守、越模糊，甚至誤判重大情勢。

這種現象在心理學上有一個名字 —— 集體盲點（Groupthink）。這是由心理學家歐文・賈尼斯（Irving Janis）提出的理論，他指出：當團隊中的成員太過重視一致性、避免衝突、追求和諧，就會壓抑批判性思考，導致整個團體做出不理性的選擇。

常見的情境包括：

- 高階會議中，所有人都知道決策方向有問題，但沒人願意先發聲；
- 腦力激盪時，提問者話語太強勢，導致團隊僅迎合、不思辨；
- 團隊中習慣「有領袖說了算」，其他人不再提供真正多元的觀點。

這些場景不是因為團隊素質差，而是因為團體互動的設計結構出現了失衡。人一旦進入群體中，會開始自我審查、自我壓抑，為了融入而放棄思考。

如果沒有清楚設計團體思考與決策的流程，聰明的個體也可能做出愚蠢的集體決定。

2. 集體智慧的誤解：不是共識，而是觀點的張力

當我們談「集體智慧」時，很多人以為是「大家說一樣的話、做一樣的事」，但真正的集體智慧，不是共識，而是觀點之間有足夠的拉扯力與整合力。

根據麻省理工學院的集體智慧研究中心（MIT Center for Collective Intelligence）指出，高品質的團體決策有三個核心特徵：

- 多樣性（Diversity）：觀點來源不同，資訊基礎廣泛；
- 獨立性（Independence）：成員能夠不被他人觀點壓抑，保有判斷力；
- 整合性（Aggregation）：團體能夠將分歧意見轉化為可執行方案。

也就是說，集體智慧的品質，不取決於平均智商，而是取決於「思考結構與發言設計是否讓每個人能真正貢獻」。

團隊決策常出現的兩種錯誤如下：

- 過早收斂：會議一開始就急著得出結論，導致創意尚未出現就被擠壓；
- 過度討論：為了照顧所有人意見，導致決策拖延、責任分散。

要突破這兩種極端，需要的是一種結構設計——一種能讓思考流動、又能收斂於行動的團隊互動節奏。

3. MBTI 與團隊決策：誰適合發起？誰適合收斂？

MBTI 性格不只影響個人決策，也在團體互動中扮演關鍵角色。當你開始觀察團隊成員的 MBTI 類型，你會發現：每種性格都有其對應的決策強項，也有其風險與補位需求。

第四節　團隊決策心理學與集體智慧

以下是性格向度在團體決策中的典型角色定位：

N 型（直覺導向）＋P 型（彈性導向）──啟發者、創意起點

擅長：提出不在框架內的選項，激發討論多樣性；

風險：不易落地，容易分心與分散焦點；

搭配建議：與 J 型搭檔，提供收尾能力與執行計畫。

S 型（感官導向）＋J 型（計畫導向）──整合者、流程穩定器

擅長：將分散的想法整理為可執行步驟，確保進度不失控；

風險：可能排斥非線性提案、缺乏彈性；

搭配建議：與 N 型合作，引入前瞻與多元可能性。

T 型（邏輯導向）──系統評估者、決策壓縮者

擅長：釐清問題本質，提供效率與資源分析；

風險：可能忽略情境與人際感受，導致團隊氣氛緊張；

搭配建議：與 F 型共創討論框架，兼顧理性與人性。

F 型（情感導向）──動能維護者、氛圍設計者

擅長：創造信任環境、整合情緒共識與非語言訊息；

風險：可能過於圓融，犧牲效率與明確性；

搭配建議：與 T 型共建「同理＋決斷」流程，避免流於妥協。

I 型（內向）與 E 型（外向）則在團隊動能中扮演節奏管理角色：

- I 型：偏好深度與品質，建議安排「延後發言時間」，給其事後補充與書面回饋空間；

第十一章　創造高影響力的決策模型

- **E 型**：擅長快速動員與即時反應，適合帶動會議氣氛與啟動初期行動，但需設定結構避免主導過頭。

理解這些性格差異後，我們便能將團隊配置不再只是功能分工，而是思考策略的有機編排。每一個性格都是一種思維資源，只要搭配正確，就能讓團隊做出遠超個人直覺的深層決策。

4. 團體決策的流程設計：如何同時有共識、又不壓制異議？

高品質的團隊決策不是討論久、共識高，而是每一個觀點都被真實看見、每一個反對聲音都能被尊重整合。為了達成這樣的狀態，你需要設計出一套具備以下結構的決策節奏：

(1) 分段思考，不急著表態

第一階段：「資訊蒐集」——所有人只能提出觀察，不做任何建議；

第二階段：「觀點列舉」——不問對錯，只問還有什麼可能性；

第三階段：「利益揭露」——每人陳述自己在意的是什麼（避免動機模糊）；

第四階段：「優先排序與合意」——開始整合與修正。

(2) 設定角色輪替，讓每種聲音都浮現

設「質疑官」——指定一人負責挑戰主流觀點，避免盲點；

設「沉默者代言人」——觀察沒發言者的非語言訊號，主動詢問；

設「結構記錄者」——記錄每一階段的討論脈絡，幫助反思。

(3) 設「延遲機制」，降低從眾與情緒型決策

結論不當場拍板，而是會後 24 小時確認；

第四節　團隊決策心理學與集體智慧

提案需經過他人重新描述一次再提交表決，避免語言誤解。

這些設計不是為了增加程序，而是為了打造一個能真正釋放集體智慧的環境：每個人都能被傾聽，每個選項都能被驗證，每個共識都能被挑戰。

5. 成熟的團隊，知道如何化衝突為決策養分

真正成熟的團體，不是追求「大家都講一樣的話」，而是有能力在差異中共存，在衝突中產生新認知。

當你懂得設計一個讓觀點自由流動、節奏適當切換、角色互補平衡的團體決策空間，你就能讓團隊脫離「誰說了算」，轉向「我們怎麼做會更好」。

這不只是生產力的提升，更是一種集體心智成熟的展現。當每一位成員都知道自己在這個過程中「貢獻了什麼，影響了什麼」，團體就會從「一群人在討論」升級為「一個有意識的群體在決定未來」。

當你在團隊裡建立出這樣的節奏，你就不只是個好隊友，而是一個能帶動群體進化的影響者。

第十一章　創造高影響力的決策模型

第五節　決策後悔的處理與修正

1. 真正讓人痛苦的不是決策錯，而是你覺得自己不該錯

你有沒有做過這樣的事：

拒絕一份工作後，看到該公司起飛開始懊惱？

選了另一半之後，總忍不住想「如果當初……」？

投資錯誤、創業失利、話說太快、機會放太慢 —— 這些事本身可能不致命，但「如果我當初不這樣就好了」的自責感，卻在你心裡演了一千次劇情重播。

心理學家貝瑞·史瓦茲（Barry Schwartz）在研究「選擇悖論」時指出：選擇越多的人，反而越容易後悔。因為他們知道 —— 自己當初是「主動選擇的」，不是被迫的。

這種後悔的核心不是結果，而是你相信那是「可以避免的失誤」。這就觸發了心理學上的認知失調（Cognitive Dissonance）：我們希望自己是理性的，但當結果不如預期，就會產生「我是誰」與「我怎麼會這樣」的價值衝突。

換句話說，真正的後悔不是你做錯選擇，而是你無法接受「自己也會做錯選擇」這件事。

2. 後悔是正常的，但你怎麼處理，才決定你的未來曲線

後悔可以分為兩種：

- 結果型後悔（Outcome Regret）：覺得選了 A，但 B 更好，早知道就……；

第五節　決策後悔的處理與修正

- 流程型後悔（Process Regret）：不是後悔結果，而是後悔自己沒做更好的決策流程，例如「我怎麼沒查清楚？」、「為什麼聽信別人？」

研究發現，流程型後悔比結果型後悔更有價值，因為它會促進未來行為修正。而結果型後悔，若無法轉化，則容易導致情緒凍結、自我攻擊與行為拖延。

我們常在決策錯誤後進入以下三種非理性反應：

- 後見之明偏誤（Hindsight Bias）：事後覺得「早知道」其實是錯覺，當下其實無從預測；
- 損失誇大效應：對損失的記憶遠大於當時實際影響，例如只損失一萬，但記憶中像輸掉人生；
- 認同瓦解反應：將錯誤過度連結自我價值，如「我就是不夠好，才會選錯」。

這些反應的核心都來自於一種「想控制未來但錯估現實」的焦慮。真正成熟的處理方式，不是排除後悔，而是建立後悔的容器與修復節奏。

後悔不是單一情緒，而是一套交錯的自我敘事系統。MBTI 性格模型提供了有力的解釋視角，幫助我們理解：不同性格的人，後悔的重點不一樣，修復方法也不一樣。

F 型（情感導向）

後悔焦點：關係損失與情緒失控；

常見語言：「我是不是傷到別人？」、「我太衝動了」。

修復建議：設計「情緒和解信件」，把未說出口的歉意或遺憾寫給自己或對方，即使不寄出也能產生釋放效果。

第十一章　創造高影響力的決策模型

T 型（邏輯導向）

後悔焦點：決策誤判與效率損失；

常見語言：「為什麼我沒看出來？」、「我當時應該更理性」。

修復建議：建立「錯誤清單」，用分析方式回顧事件流程，並針對下一次設計優化版本，轉化為經驗庫。

J 型（計畫導向）

後悔焦點：計畫被打亂、進度落後；

常見語言：「我都安排好了，怎麼會……」、「一亂掉我就無法接受」。

修復建議：設定「B計畫習慣化」，每次決策都同步規劃可轉移方案，讓未來不再因不如預期而崩潰。

P 型（彈性導向）

後悔焦點：拖延或沒選、選太慢；

常見語言：「我早就知道該動了」、「我錯過了時機」。

修復建議：啟用「機會觸發日誌」，記錄你曾經猶豫的選項與情緒，訓練對機會感知與動手節奏。

這些差異不是讓你框住自己，而是幫助你建立一個「符合本性又有機會修正」的後悔處理系統。知道你怎麼想錯，才有機會想對。

4. 復原性思維模型：不是不犯錯，而是能轉化錯

心理學家瑞克·漢森（Rick Hanson）曾說：「情緒像是雨，你擋不住，但你可以學會在雨中移動。」後悔不是負擔，而是通往成熟的橋。

第五節　決策後悔的處理與修正

以下是一套實作導向的「復原性思維模型（Regret Resilience Framework）」：

第一步：命名後悔，不評價

寫下：「我後悔的是……」後面只寫事實，不加評論；

例：「我後悔拒絕了那個合作機會。」（不要寫「因為我太懦弱了」）。

第二步：拆解後悔來源

問三個問題：

- 我是因為結果不好，還是因為覺得自己判斷錯？
- 有什麼我當時真的不可能知道的資訊？
- 如果我再來一次，我會用什麼流程重做？

第三步：設計一次「記憶告別儀式」

將那個場景的象徵物（照片、對話、郵件等）裝進盒子封存，象徵「我已經學會了，現在可以繼續走」。

第四步：為未來設定「錯誤容忍界限」

每一次決策前寫下：「即使我錯了，只要損失在 ×× 以內，我就可以承擔。」

這會讓你更勇敢，也更穩定，因為你提前做了心理成本分攤。

復原性不是天生，是設計出來的。只要你願意讓自己每一次錯誤都被書寫、被理解、被整合，你就會慢慢變成一個選擇可以錯，但人不會倒的決策者。

第十一章　創造高影響力的決策模型

5. 決策後修正流程圖：讓每一個「錯」都能變成「下次更對」

真正高影響力的決策，不是「做對一次」，而是「就算做錯，也能修正與持續前進」。以下是一套視覺化的決策後修正流程圖，幫助你走出懊悔情緒、快速重建信心、提煉未來能力。

決策後修正五步驟：

(1) 事件回顧期（48 小時內）

寫下三件事：

- 我本來預期的是什麼？
- 最終出現了什麼落差？
- 我當時的情緒是什麼？

(2) 錯誤分類期（第 3～5 日）

是判斷錯誤？資訊不足？情緒主導？還是他人干擾？

每個類別都記錄一次並整理成錯誤筆記。

(3) 行動調整期（第 6～10 日）

寫出三個「如果再來一次，我會怎麼做」的版本；

從中挑一項做為未來新流程模板。

(4) 信念重建期（第 11～15 日）

寫一封信給自己：「雖然你選錯了，但你學到了什麼？你看到什麼新的面向？」

這是恢復自我信任的關鍵動作。

(5) 未來部署期（第 16 日起）

為類似情境設立一個「備案或界線」，幫助下次進入前就設有心理與實務防線。

當你開始用這種流程思維對待每一次錯誤，你就不再是個「怕錯的人」，而是個錯過一次，就變強一次的人。

第十一章　創造高影響力的決策模型

第十二章

打造屬於你的成功模型

第十二章　打造屬於你的成功模型

第一節
成功無一定方程式：性格定義你的成功公式

1. 成功不該是標準答案，而是你的心理契約

我們生活在一個「成功被定義好的世界」裡。薪水越高、名聲越大、買房越早、退休越快，彷彿就是人生勝利組的通關密碼。許多人在這樣的社會框架中盲目努力，直到某一刻才發現：即使達成了社會標準，自己卻並不快樂，甚至感到空虛與困惑。

心理學家卡爾・羅傑斯（Carl Rogers）曾提出「自我一致性」（self-congruence）的概念，強調人的幸福感來自「實際自我」與「理想自我」的一致程度。如果你的成功公式是「社會教你該怎麼活」，那你很可能會在成功的終點，發現自己走錯了方向。

真正能持續推動一個人前進的，不是來自外部的掌聲，而是內部的認可與信任。你的性格，決定你想要的成功樣貌，也決定你擅長以什麼方式實現它。

成功，應該是一份你與自己簽下的心理契約，而不是他人塞給你的績效指標。

2. MBTI 與成功偏好：不同性格，有不同的成就感開關

MBTI 人格理論提供了一個關鍵觀點：性格不只影響我們怎麼生活，也影響我們如何定義成功。

以下是各性格向度在「成功感受」上的典型差異：

第一節　成功無一定方程式：性格定義你的成功公式

I 型（內向）與 E 型（外向）

I 型多以「深度與影響力」為成功標準，追求的是有意義的連結與貢獻；

E 型則偏好「擴張與影響範圍」，喜歡被看見、被肯定的存在感。

S 型（感官）與 N 型（直覺）

S 型重視可見成果與穩定累積，偏向務實成功路徑；

N 型則偏愛概念性影響與創新突破，追求與眾不同的成就感。

T 型（邏輯）與 F 型（情感）

T 型看重邏輯優勢與決策正確，喜歡被認可為「專業、有判斷力的人」；

F 型則在「關係品質」與「價值一致性」中感受到成功，若與內心信念衝突，外在成就也無法帶來滿足。

J 型（計畫）與 P 型（彈性）

J 型重視成果與目標實現，喜歡明確的里程碑與時間節奏；

P 型則強調過程中的探索與自由感，對成就的評價更注重創造力與自我表達。

這些差異提醒我們：不要用別人的定義衡量自己。你以為你不夠成功，其實只是你不屬於那一種成功方式而已。

3. 社會的成功模板如何讓你誤解了自己

我們從小到大受到的教育、職場價值觀、家庭期待，常常默默灌輸一套成功公式：成績好→工作穩定→升遷加薪→擁有房車→成家立業→

第十二章　打造屬於你的成功模型

財務自由→提早退休。這個過程某些人來說是理想目標，但對另一些人，卻像是一種內建焦慮。

當這種「單一路徑」被內化為主流價值後，它會讓人出現幾種典型困境：

- 內向者想模仿外向者的影響力，卻覺得自己格格不入；
- 感覺導向的人為了迎合績效體系，硬逼自己變得數據導向；
- 創意工作者被要求穩定執行、按部就班，最終喪失熱情；
- 關係型人格被環境定義為「不夠強硬」，長期懷疑自我價值。

這些例子不是偶然，而是來自於我們太習慣用別人的地圖走自己的旅程。而當旅程與內在驅力錯位，我們再努力也只會感到疲累、空虛，甚至懷疑「是不是我有問題」。

成功不是有或沒有的問題，而是有沒有「對準你自己」的問題。當一個人被迫追求與性格不匹配的成就，他可能短期成功，但幾乎無法長期幸福。

4. 打造你的成功辨識系統：什麼事情，讓你覺得「這就是我」

那麼問題來了：你該怎麼知道「什麼樣的成功是屬於你」？

關鍵不在「外在條件」，而在「內在感覺」。請你回想一件事——有沒有哪一個時刻，讓你覺得「這就是我該做的事」？那時你可能很累，但一點也不後悔；你可能不被所有人看好，但你知道自己正在對的地方。

那，就是你性格與成功重合的座標點。

以下是一個建立成功辨識系統的實作流程：

第一節　成功無一定方程式：性格定義你的成功公式

第一步：列出你做過最有成就感的三件事

不一定要外人看起來光鮮，只要是你內心真實覺得「有價值」即可。

第二步：拆解每件事的心理成分

這件事的成功帶給你什麼感受？安全感？自由？被看見？對人的影響？還是技術挑戰？

第三步：比對 MBTI 性格驅力地圖

例如 F 型的成功驅力是「價值認同與關係改善」，J 型則是「清楚進度與節奏實現」。

第四步：撰寫屬於你自己的成功指標宣言

「我認為真正的成功，是當我 ＿＿＿＿ 時，我感覺自己在成長／被看見／正在為值得的事努力。」

這個過程不是標準答案，而是幫助你在喧鬧的社會中，聽見屬於自己的成功聲音。

5. 心理回報導向成功設計圖：讓成就與滿足並存

很多人在人生路上會經歷這樣的轉折：從「我要很成功」→「我為什麼這麼累」→「我是不是走錯了方向？」而這正是因為他們錯把「外在回報」當成唯一的動力，卻忽略了「心理回報」的設計。

所謂心理回報導向成功模型，強調的不是只有財富、名聲、升遷，而是你在行動中感受到的意義感、掌控感與連結感。

以下是一個具體視覺化的成功設計圖架構：

第十二章　打造屬於你的成功模型

模組名稱	啟動來源（MBTI 連結）	行動形式	心理回報
貢獻模組	F 型、E 型	教學、助人、社群建構	被需要感、價值認同
成就模組	J 型、T 型	達標計畫、量化績效	清晰成效、數據成就感
創意模組	N 型、P 型	創作、研發、新點子實驗	自我表達、自由感
探索模組	I 型、N 型	深度閱讀、研究、旅遊	好奇滿足、內在豐富
連結模組	E 型、F 型	公關、主持、團隊營運	人際交流、情緒回饋

　　你可以從中選擇三個你最常啟動的模組，並思考：我目前的工作與生活安排，是否有涵蓋這些心理需求？如果沒有，請問自己：「我要怎麼重新設計我的行動方式，讓這些模組有空間運作？」

　　真正屬於你的成功，不會讓你想逃、不會讓你懷疑自己、更不會讓你懷疑人生。它會在你每天醒來時給你一種「我還想繼續走下去」的力量。那，才是你該堅持的成功版本。

第二節
跨界資源整合：性格如何影響你的人脈管理模式

1. 人脈不是人數，是你能不能串聯資源的能力

我們經常把人脈想成「我認識誰」、「我有多少聯絡人」、「我在社群平臺上有幾千好友」，但這種量化式的人脈觀，只是人際資本最表層的現象。真正的人脈價值，不在數量，而在於你是否能在正確的時間，用對的方式，讓對的人出現在你需要的場域裡。

這就是社會資本理論中所強調的關鍵：結構洞（Structural Hole）與橋接功能（Bridging Capital）。簡單來說，不是你有多少人脈，而是你能不能站在「人與人之間的空隙」中，成為那個連結者。

舉個例子，一位熟悉科技與媒體的行銷人，若能讓一位工程師認識一位記者，他就創造了跨界的「連結價值」。這樣的人，即使自己不掌握核心技術與資源，也能成為重要的節點，因為他是那個把資源連起來、讓彼此加速的人。

要做到這點，只有技巧是不夠的，更重要的是你要懂得：你的性格適合用哪種方式做人脈整合？你在哪一種類型的互動中發揮最大影響？

這就是我們在本節的核心任務：讓你用性格為出發點，重新定義什麼叫做「對你有效的資源整合」。而不是再逼自己用不舒服的方式社交，只為了滿足外界對「人脈王」的幻想。

2. MBTI 與人脈經營：不是每個人都該變得外向

很多人會誤以為，做人脈一定要能言善道、愛跑趴、很會寒暄，但這樣的社交模板，其實只適合少數 E 型（外向）＋ F 型（情感導向）的人。

第十二章　打造屬於你的成功模型

若你是 I 型（內向）或 T 型（邏輯導向），強迫自己模仿外向者的行為，不但效率低下，還可能造成長期的「社交倦怠」。

以下是各性格類型在人脈互動上的典型優勢與盲點：

I 型（內向）

優勢：深度連結、長期信任、高品質轉介；

風險：擴展慢、曝光度低、不易被看見；

策略：打造少而精的關係網，用寫作、知識分享、私密小圈子經營信任。

E 型（外向）

優勢：快速打開場、主動出擊、影響廣；

風險：關係淺層化、資源雜訊多、過度承諾；

策略：建立定期關係管理儀表板，定期清理無效連結，提升轉換品質。

S 型（感官導向）與 N 型（直覺導向）

S 型偏好維持既有圈層、重實用與現實利益，可設計「交換價值明確」的互惠機制；

N 型偏好探索新領域、結交不同界別，可發揮「跨界橋接」功能，成為合作型節點。

T 型（邏輯導向）與 F 型（情感導向）

T 型在資訊價值鏈中表現亮眼，但人脈黏性略低，建議加入「情緒溫度機制」，如定期感謝、私人問候；

第二節　跨界資源整合：性格如何影響你的人脈管理模式

F型擅長關係維護與情感支持，但需設下界線避免人脈「耗損型互動」，特別是在時間與心理能量的管理上。

當你清楚自己是哪一類型，就可以停止模仿別人的人脈風格，而是從「自己最自然、最舒服的互動方式」出發，建立屬於自己的關係經營策略。這不僅讓你在人際往來中更自在，也更容易與對的人產生真實連結。

3. 建構屬於你的「人脈分層模型」

有效的人脈管理從來不是「多認識幾個人」這麼簡單，而是要建立一個清楚可見的關係結構圖。這個結構依據每個人的性格不同，會有不一樣的層次分類方式。

以下是三層人脈分層系統的基本架構，搭配性格類型的優化建議：

第一層：核心互信層（Core Circle）

特性：高度信任、可共創、願意長期合作的人；

建議人數：5～12人；

適合性格：I型、F型、J型的人可深耕這一層，發揮信任經營力與默契效能；

經營方法：定期深度交流，分享未公開資訊、共建策略專案或互為資源轉介人。

第二層：價值交換層（Strategic Circle）

特性：領域互補、價值協調、有明確合作場景的人；

建議人數：15～30人；

適合性格：T型、S型的人擅長設計清楚的利益機制與邏輯交易結構，可在這層發揮專業力與組織力；

經營方法：設計主題交流、專案小組、短期合作任務，建立具體互惠節點。

第三層：潛在連結層（Bridge Circle）

　　特性：尚未深交但具合作潛力，可能來自不同圈層、不同領域；

　　建議人數：50～100 人；

　　適合性格：E 型、N 型、P 型的人具備廣角度與動態連結能力，可維持與多元對象的彈性接觸；

　　經營方法：定期整理、分類與觸及，例如建立聯絡名單、寄送知識型內容、偶爾私訊互動。

　　有了這個分層，你就可以把「人脈管理」變成一個有節奏、有策略、有選擇的資源網，而不再是隨機與情緒驅動的耗能交往。

4. 性格與跨界整合策略：每個人都能找到節點

　　你是否曾經覺得「我不擅長拓展人脈」、「我不會交朋友」、「我沒有人脈資源」？如果是，那你可能陷入了一種錯誤預設──認為人脈價值只存在於「跨界的橋梁型人物」。

　　但實際上，人脈網中除了橋梁，也需要節點、轉接器與穩定錨點。就像一個網路系統，不是每個節點都負責傳輸，有些節點負責校準、有些節點負責儲存、有些節點負責啟動。人也是一樣。

　　以下是不同性格適合的人脈整合角色：

- **N 型＋P 型：機會偵測器** ── 善於發現不同領域間的潛在連結與新合作可能；
- **T 型＋J 型：流程優化者** ── 擅長定義合作標準、流程 SOP、資源

第二節　跨界資源整合：性格如何影響你的人脈管理模式

管理結構；
- F型＋I型：**信任建築者**——在團隊合作中提供心理安全感與深層連結；
- E型＋S型：**動能驅動者**——能快速推進專案節奏，喚起集體行動能量。

你不需要變成別人的樣子才有人脈，你需要的是看見你是哪一種節點，並將自己安放在合適的合作模型裡。

5. 個人資源調度流程圖：讓你的影響力視覺化、可啟動

為了讓人脈變成資源，而不是純粹的關係堆疊，你需要建立一套屬於自己的資源調度流程圖（Personal Resource Activation Map）。這套流程幫助你在不同需求場景下，迅速辨識可啟用對象、合作可能性與轉化路徑。

流程如下：

步驟一：釐清需求場景

你現在需要的是什麼？人力支援、知識合作、品牌曝光、資金導入？

步驟二：對應層級資源

該需求適合啟動哪一層？核心互信層（可立即合作）、價值交換層（可快速媒合）、潛在連結層（需先建立信任）？

步驟三：啟動方式選擇

根據性格選擇你擅長的溝通方式：I型用私訊或文字說明；E型可直接通話；N型設計企劃提案；S型提供數據資料。

第十二章　打造屬於你的成功模型

步驟四：價值對齊與期望設定

在啟動合作時先明確說清彼此能給什麼、想要什麼，讓合作進入高效區。

步驟五：合作記錄與關係複利化

合作結束後設計回饋機制，感謝對方、記錄流程，將一次互動轉為未來長期價值。

當這一切都成為習慣，你的人脈將不再只是「人在那裡」，而是「資源可啟動」，真正進入性格適配、價值互惠、跨界流動的高效整合狀態。

第三節
成功者的故事拆解：從性格找到你的參考範本

1. 成功沒有典型，但成功者都很「一致」

我們常會問：「為什麼那個人可以這麼成功？」但這個問題往往隱含了錯誤假設——成功有一套通用公式、只要照做就能複製。事實上，真正長期穩定、且不以耗竭為代價的成功者，幾乎都有一個共通點：他們的行動模式與性格高度一致。

心理學上將這種一致性稱為「性格－環境契合度」（Person-Environment Fit）。這表示，一個人的成功與否，往往不是因為他多努力或多聰明，而是他的行為策略正好吻合他的心理偏好，於是能長期運作、持續推進、不容易耗損。

這也說明了：你不是沒努力，而是你可能在模仿一套不屬於你的成功方式。

與其問「我怎麼還沒像他一樣」，不如問「我該像哪一類人那樣前進？」

2. INFJ：內向直覺者的深度影響力 —— 瑪拉拉・尤沙夫賽

INFJ 通常被稱為「理想主義的提案者」，他們安靜、有洞察力、富有願景且重視深度意義。這種類型的人很少出現在舞臺中央，但他們往往是改變結構、引動價值浪潮的潛行者。

以諾貝爾和平獎得主瑪拉拉為例。她不是演說家，也不是政治家，但她的影響力改變了全球數百萬女孩的教育命運。她的力量來自哪裡？

311

第十二章　打造屬於你的成功模型

來自她深信一個信念：教育是人的基本權利，並且堅定不移地以寫作、行動與堅持貫徹這個價值。

INFJ 成功的關鍵不是聲量，而是信念的深度與堅持的韌性。他們適合走的路往往與「慢但深」有關，像是教育、心理學、非營利、策略顧問等需要長時間浸潤的領域。

如果你是 INFJ，你的成功不是靠比誰更快，而是用信念穿越時間，影響那些該被改變的結構。

3. ENTP：外向直覺者的多點突擊 ── 伊隆・馬斯克

ENTP 是一種典型的創新引擎，他們思路快速、富創造力、喜歡挑戰既有秩序，不喜歡被既定框架限制。若說 INFJ 是慢火悶燉型的成功，ENTP 就是爆米花型的創新迸發者。

伊隆・馬斯克就是最經典的 ENTP 範例。他從 PayPal、Tesla 到 SpaceX、Neuralink，每一個事業都是對現有體制的挑戰與重構。他的成功來自於兩大特質：不懼失敗與超強的問題轉換能力。

對於 ENTP 來說，成功不在於專精一事，而在於能在多元領域中不斷發現新機會，從混亂中整理出新規則。他們需要的不是一條筆直的高速公路，而是一張允許彎道、錯路與創意迴轉的戰場地圖。

若你是 ENTP，你要允許自己多線發展、快速試錯，不要用「穩定＝成功」來束縛自己。你的天賦在於引擎不是輪胎，重點不是走多遠，而是推進多少想法。

4. ISTJ：紀律與誠信的堅實執行者 ── 安潔拉・梅克爾

ISTJ 常被稱為「務實的後盾者」，他們邏輯性強、重視責任、計畫能力好，喜歡可預測的環境並善於維持制度運行。在一個充滿浮誇口號與

速成文化的時代，他們的成功常常被低估，但其實真正撐起體系、讓變革得以落地的人，常是 ISTJ。

前德國總理安潔拉·梅克爾是 ISTJ 的代表人物。她不以激情號召取勝，而是以冷靜、務實、深度準備贏得歐洲政壇最長時間的穩定掌舵權。她的決策風格非常典型 ISTJ：反覆計算風險、尊重制度、按部就班推進政策，並在每一次歐洲危機中扮演穩定樞紐。

ISTJ 的成功不在於爆發力，而在於可預測的高信任度與極強的耐力。他們適合在需要精準、紀律、制度化作業的領域發展，例如法律、工程、會計、公部門與大型組織管理。

如果你是 ISTJ，不需要羨慕那些華麗的舞臺表現。你的價值是讓整個系統不崩塌，讓承諾能夠兌現。你的成功來自於可靠與穩定本身。

5. ESFP：即興與魅力的展現者 —— 歐普拉·溫芙蕾

ESFP 是熱情、感性的行動派，擅長透過身體語言、情緒交流與現場魅力打動人心。他們是天生的「現場玩家」，可以將複雜的事情變得簡單、讓冷門議題變得熱門，極具即時調整與觀察力。

歐普拉就是最具代表性的 ESFP 成功者。她的成就來自於極度真誠的共感能力，以及把故事轉化為影響力的天賦。她不只是主持人，更是千萬人心靈的引路者。她的訪談風格不是犀利挑戰，而是同理打開，這正是 F 型與 S 型在行動現場最強的力量來源。

ESFP 類型的人若能找到一個「情緒出口場域」，如演說、主持、活動策劃、社群經營、現場互動等職業，往往能在短時間內聚集能量與人氣，並透過高頻互動＋真實魅力形成極具擴散性的影響網絡。

如果你是 ESFP，不要壓抑你對現場感的渴望。你不需要做幕後的規劃者，你就是那個讓人記得你的「當下發光點」。

313

第十二章　打造屬於你的成功模型

成功故事不是模板，而是鏡子

真正的成功參考，不該是讓你焦慮的榜樣，而是幫你看見自己的可能性。當你用性格為基準去閱讀成功者的故事時，你不再是盲目模仿，而是在做「人格對齊的策略選擇」。

INFJ 的你，可以選擇慢慢做深的價值倡議之路；

ENTP 的你，可以允許自己多線拓展的創新火花；

ISTJ 的你，擁有讓世界按節奏運作的可靠力量；

ESFP 的你，能在每一個真誠互動中成為焦點與轉折點。

你要做的不是變成別人，而是從別人的故事裡，找到屬於你性格的成功格式，再用自己的語言，把它寫完。

第四節
打造你的「心智產品線」：價值輸出與知識變現

1. 真正的財富來自你如何輸出思考，而不只是做更多事

在工業時代，生產靠的是資本與勞動；但在數位知識時代，影響力與財富的來源，更多來自於一件事：你能否持續、有策略地輸出自己的思考成果。

這種輸出，不再是勞力的付出，而是你如何把經驗、洞察、判斷、方法、觀點等「不可見的智慧」，轉化為「可傳播、可兌換、可擴張」的內容或服務。這就是心智產品（mental products）的核心概念。

你可能曾經幫朋友解決難題、寫過一篇點閱很高的貼文、提出一個讓老闆拍案叫好的建議，這些其實都是你的「心智價值」，只是你還沒把它系統化、產品化、變現化。

心理學上稱這種自我輸出的能力為「生成力（Generativity）」，它指的是一種內在驅動，渴望將自己的知識、價值與經驗傳遞出去，讓它產生擴散性影響。越能發展這種生成力的人，越能建立屬於自己的知識資產系統，也越容易進入價值自由的狀態。

而要打造這樣的系統，不能靠臨時靈感或單點表現，而是要像企業經營一條產品線一樣，有主軸、有分支、有節奏、有管道、有回饋機制。這就是你未來的「心智產品線」。

2. MBTI 性格與心智輸出的模式選擇

每個人都有輸出的潛力，但不同性格適合不同的輸出方式。如果你選錯了模式，不只效率低，還會讓你長期產生「能量外洩」的心理耗損。

第十二章 打造屬於你的成功模型

以下是常見性格對應的心智輸出類型與優勢：

I 型（內向）

適合以書寫、策展、系統化知識為主要輸出方式，如專欄、線上課程、知識地圖；

能在安靜空間中醞釀深度內容，適合知識密度高、節奏可控的內容產品。

E 型（外向）

適合以即時互動、現場影響力為主體，如直播、講座、教練、社群經營；

擅長利用現場情緒節奏建立高參與度與情感連結。

N 型（直覺）

擅長創造觀念模型與價值視角，適合策劃主題式知識商品，如方法論、趨勢內容、跨界整合思維；

可發展「思想領袖」型個人品牌。

S 型（感官）

擅長實務教學、技術導引與生活應用，適合建立工具型產品，如教學手冊、表單模板、線上教學平臺；

更適合從現場出發，蒐集使用者回饋後反覆優化。

T 型（邏輯）與 F 型（情感）

T 型傾向理性邏輯架構，適合策略分析、問題診斷工具；

F 型擅長情緒共鳴與故事敘事，適合品牌故事、人生教練、心靈成長類輸出。

第四節　打造你的「心智產品線」：價值輸出與知識變現

J 型（計畫）與 P 型（彈性）

J 型適合架構完整、按階段推進的長線產品（例如線上課程、出版計畫）；

P 型適合內容即時生成、快速響應的動態產品（例如限時挑戰、社群互動型商品）。

重點是：找到你最能保持節奏與能量的輸出節點，才能讓這條產品線真正活起來，而不是半途而廢的創業夢。

3. 心智產品線設計藍圖：從你擅長的事開始，變成可流通的價值

打造心智產品線，就像經營一條個人品牌的產品組合，並不是只靠一個靈光一閃的想法，而是建立一條可持續、可放大、可優化的價值鏈。

你可以從下列四個核心問題開始設計：

(1) 你的知識資產是什麼？

問自己：「別人經常問我什麼？」「我在哪個主題上，花的時間比一般人多？」這些就是你已經累積的隱性知識資產。

(2) 你的輸出形式會是什麼？

若你是內向者，建議從文字內容（文章、電子書、課程腳本）或系統工具（Excel 模板、教案）開始；

若你是外向者，可從直播、主題講座、社群帶讀會等形式啟動。

(3) 你想要影響誰？

明確你的受眾族群，是職場新人、創業者、媽媽、講師、設計師、心理學愛好者？受眾明確，產品設計才會有焦點。

(4)你如何讓產品變現？

常見變現路徑有：單次販售（電子書、模板）、訂閱型（社群、內容更新）、服務型（教練、顧問）、平臺型（課程平臺、Podcast）。

當這些問題清楚後，你可以設計出一條屬於你的心智產品線範本。例如：

主軸：「幫助內向者打造可持續的自媒體系統」

產品線：電子書《內向者寫作起手式》→影音課程《一人內容工廠》→一對一教練→社群會員訂閱→線上共創營隊

受眾：25～40歲有知識背景但不擅表達的職場人

變現模式：產品＋服務混合型，從低價入門到高價專屬教練一路串接

你的產品線就是你輸出的骨架，而性格，是讓它有血有肉、有呼吸節奏的靈魂。

4. 知識變現策略：讓價值從腦中流向錢包

知識變現不是投機操作，而是價值供給系統。想要穩定變現，你需要同時具備三個層次：

第一層：入口點明確

每個人要有一個清楚的「讓別人願意接觸你」的內容入口。這可能是一篇爆紅貼文、一個常被分享的講座、一套免費模板。

這是你讓潛在客戶感知價值的「試用品」。

第二層：轉化點設計

有些人會訂閱你、有些人會追蹤你、有些人可能看完一次就離開。你需要設計明確的轉化結構，例如：

- 「看完這篇文章，點擊進入我的免費工作坊」
- 「參與免費挑戰，結束後導向進階課程」
- 「訂閱電子報後進入轉換漏斗，提供個人化方案」

第三層：持續供應點經營

真正高效的知識變現，不是「一次爆賣」，而是持續有價值供應＋持續能收費的理由。

可以是定期更新的內容訂閱、半年一次的升級產品、會員專屬資源、或個別深度服務等。

根據性格，你會適合不同的變現節奏與模式：

- I＋J 型：適合先做內容資產，再慢慢建構變現模組；
- E＋P 型：適合先做互動服務，再反推內容系統；
- N 型：從觀點出發，設計方法論、主題模型變現；
- S 型：從解決問題出發，設計流程模板、實用工具變現。

變現不是逼自己賣，而是讓價值自然流向需求者，只要你給予的夠有結構、夠有信任、夠貼近受眾痛點，它就會自然地產生交換。

5. 從內容到影響：打造心智資產的回饋循環

當你的知識可以變成產品，你就進入了輸出；但當你的輸出可以被放大、被引用、被內化、被傳播，那才是你進入了真正的「心智影響力」。

要讓你的產品線進化為心智品牌，你需要建立一套輸出→接收→回饋→優化→再輸出的回饋循環：

第十二章　打造屬於你的成功模型

- 輸出：將內容以你性格適合的方式呈現（寫、講、畫、問、演）
- 接收：讓受眾可以回應你（留言、回饋表、QA 機制）
- 回饋：觀察大家最有共鳴的是哪一段？哪一種內容被最多人收藏？
- 優化：不斷精練你的模型、語言、架構、格式
- 再輸出：將優化過的內容轉為更高價值形式（電子書、課程、顧問服務）

這樣一來，你的內容不再只是單向丟出，而是成為一個具互動性與成長性的平臺式資產。久而久之，你就會被市場定位為：這個領域、這類人、這個痛點，你是首選。

那一刻起，你不再只是靠「拼時間換報酬」，而是讓你的思考、性格、經驗，自動產生價值與影響。

第五節
未來導向的人生成長地圖

1. 成長不是重複成功，而是讓未來版本的自己出現

如果你現在感覺到卡住、懷疑、甚至無力，那並不代表你走錯路了，而是你的「人生地圖」到了新的邊界，該升級了。

我們過去對成長的理解常常是「更努力」、「做更多」、「變得更像成功的人」，但真正有效的成長是讓那個更完整、更靈活、更能承接未來挑戰的你出現。

心理學家羅伯特・凱根（Robert Kegan）在成人發展理論中提到：「成長的本質是從舊的自我系統脫身，發展出更高階的認知與情緒統整能力。」

換句話說，成長不是「變得更像現在的自己」，而是變成下一個能駕馭更大格局的自己。你不是修補舊地圖，而是開始設計一張有彈性、有方向、有自我一致性的新地圖。

要畫出這張地圖，我們需要三種座標系統：

- 橫向座標：你現在在哪裡，擁有什麼資源與限制？
- 縱向座標：你未來想成為什麼樣的人，過什麼樣的日子？
- 動能座標：你用什麼樣的性格特質與心理節奏來推動自己？

唯有這三者都對齊，你才能打造出一張「能走得遠，也不會偏離本心」的個人成長藍圖。

2. MBTI 與成長路徑設計：不同性格有不同的升級路

MBTI 不是定型工具，而是動態發展的心理偏好模型。每一種性格類型都有它的優勢，也有它的「尚未發展區」。真正的成長，是能在性格核心上加上補性發展，讓你在保持本性優勢的同時，補齊曾讓你失去彈性的地方。

以下是各主要性格向度的成長建議：

I 型（內向）

成長目標：打開自我表達的節點，在安全感中建立表達能力；

實作方式：參與小型聚會、經營深度內容品牌、嘗試個人直播或語音輸出。

E 型（外向）

成長目標：強化獨處與內在調節能力，不再以外部刺激決定情緒；

實作方式：設計每週獨處儀式、刻意練習延遲回應、建構個人反思筆記流程。

S 型（感官）

成長目標：打開未來視角，培養不確定性下的決策彈性；

實作方式：訂閱未來趨勢報告、參與跨領域講座、設計 3 年後的假想人生場景。

N 型（直覺）

成長目標：強化當下執行力與細節落地節奏；

實作方式：使用番茄鐘或行動清單工具、每週一次細節檢核、自訂簡單可見的目標節點。

T 型（邏輯）

成長目標：發展情緒智商與關係敏感力；

實作方式：設計回饋習慣、練習情緒觀察語言、學習「非暴力溝通」技巧。

F 型（情感）

成長目標：設立界線與保護機制，讓善良有底線；

實作方式：明確訂立人際能量紅線、建立「拒絕語句庫」、將價值與利益分離判斷。

這樣的性格對應式成長策略，讓你不用「變成別人」，而是用更成熟的方式活出更高階的自己。

3. 五年維度藍圖：從短期成果到長期人格雕塑

當你要設計自己的人生成長藍圖時，最重要的不是「今天想做什麼」，而是你希望五年後的你具備什麼樣的能力、關係與心態。這個時間維度的設定，讓你跳脫「今天該做什麼」的焦慮，而進入一種更穩定且宏觀的自我導航模式。

建議你用以下三個層次來思考你的五年藍圖：

1. 核心能力（Competence）

你希望五年後，哪一項能力成為你能被指名的核心強項？

是溝通？創造？管理？洞察？整合？

根據 MBTI 性格，選擇最自然可發展的優勢起點，例如：INFJ 發展深度洞察力，ENTP 發展多點創新力。

第十二章　打造屬於你的成功模型

2. 核心場域（Context）

你在哪一種類型的場域中最能發揮？企業內部？創業場？知識型社群？國際組織？

這個判斷與性格契合有關：I 型適合深度個人品牌經營，E 型適合高互動團隊合作。

3. 核心身分（Character）

這五年你希望別人用什麼樣的形容詞認識你？成熟的？可靠的？創新的？領袖型的？影響者？

請記住：這不是職稱，而是「人格化的成果定義」。

當你能在這三個維度具體描繪時，五年後的你將不再是模糊的幻想，而是開始有明確的努力重心。這會讓你不再迷失在每一個決策細節，而能回到地圖上問：「這一條路，有讓我靠近那個版本的自己嗎？」

4. 自我進化任務卡：讓成長不是壓力，而是遊戲進度條

與其把成長當作沉重的清單，不如把它設計成一套動態可玩的任務系統。這個任務系統不需要外部考核，而是幫你追蹤：「我是不是還在往我設計的人生方向移動？」

你可以為自己建立一套「自我進化任務卡」系統：

任務卡設計結構如下：

- 任務名稱：「打造我個人品牌的第一個公開演講」
- 對應目標：三年內成為專業內容輸出者
- 所需性格資源：E 型的表達力＋T 型的邏輯結構力（若本身為 I 型，可用準備度補足現場能量）

第五節　未來導向的人生成長地圖

- 預計完成期：2026 年第三季
- 任務指標：講一次 20 人以上現場演講，獲得三位非親友正面回饋
- 升級獎勵：認定自己已可進入語言輸出型內容開發階段

這種任務卡的設計方式會讓你在「大藍圖」與「小行動」之間，建立節奏與成就感，也能結合性格特質，減少做違背本性的任務時的焦慮。

此外，每三個月為自己重新洗牌一次任務卡，並標註哪些卡完成、哪些卡需延後、哪些卡已失效，能幫助你更具彈性地調整計畫，不被「堅持錯方向」綁架。

5. 你的地圖不是 Google Maps，而是星圖：可導航，也可偏航

最後你要明白：你的人生成長地圖，不該是條只能走一遍的路，而應該是一張多方向的星圖。

Google Maps 只適用於可預測的城市交通，但你的生命不是都市計畫，而是宇宙漂流。你需要的是一張可以在不同情境中重新定位、重新展開的地圖。

這張星圖必須有三個條件：

- 中心恆星：也就是你的核心價值與性格優勢（如創造、共感、系統、獨立、影響）
- 導航儀軸：每三個月一次自我對焦，用任務卡調整方向
- 避風港地標：當迷失時可暫時靠岸的心理資源場，如寫作、深度對話、學習社群、靜心儀式

第十二章　打造屬於你的成功模型

　　若你能持續使用這張地圖，就會發現一個重要現象：真正讓你穩定走遠的，不是每一步都對，而是你永遠知道自己為何而走，並有機制重新找回方向。

　　這就是「未來導向的人生成長地圖」最重要的意義 —— 不是讓你控制人生，而是讓你在變動中不迷航、在困難時能回頭、在成功後仍知道要往哪裡去。

結語
你不是要改變性格，
而是用性格打開通往成功的門

◎成功的第一步，是放下「我是不是不夠好」的錯誤問題

我們活在一個被比較與標準化要求高度綁架的世界。從求學到職場，從社交到家庭，所有的成就都似乎有個理想模型：你應該要積極外向、你應該能管理情緒、你應該會做決策、你應該能有效率地規劃人生。

但現實是，每當你試圖朝「應該」努力，你可能短暫地做得像那個模樣，但只要壓力一來、情境一變，你就會反彈回原本的樣子，甚至比原本還更疲憊、更懷疑。

這正是多數人在成長路上卡住的核心盲點：你不是真的不夠好，而是你在用錯誤的性格引擎做不屬於你的事情。

《性格致勝》這本書的所有章節，都是在解構一個本質問題：你不需要改變性格才能成功，而是需要設計一條與你性格一致、節奏對齊的成功路徑。

換句話說，你不該問：「我是不是不夠格？」而該問：「我是哪一型？那我要怎麼設計出一套屬於我的策略？」

只有這樣的問題，才會把你帶往真正的成長，而不是讓你耗在「追趕別人」與「懷疑自己」的輪迴裡。

結語　你不是要改變性格，而是用性格打開通往成功的門

◎成功是一種結構，而不是個性的比賽

我們在本書中談了 MBTI、九型人格、互惠理論、印象管理、行為動力矩陣、信任槓桿、人脈轉化機制⋯⋯這些看似複雜的心理工具與理論，其實背後想說的只有一件事：

你需要一套清楚的心理結構，來支撐你每一次的行動與選擇。

成功不是某一種人格類型的專利，不是外向者的特權，也不是某種情商爆表者才配擁有的果實。真正讓人成功的，是他能清楚知道：

- 自己如何運作（認知、情緒、行為的慣性結構）
- 自己想去哪裡（目標與價值導向）
- 自己該怎麼走（以什麼模式推進、用什麼節奏前進）

就像經營一家公司，不在於老闆多麼有魅力，而在於公司內部有沒有運作機制、有沒有資源分配、有沒有清楚目標、有沒有正確搭配的團隊。你的人生也一樣。

你的性格是公司體質，而成功是一個能運作的經營模型。

一個 MBTI 屬於 INFP 的人，不一定適合擔任業務主管，但可以成為極具魅力的品牌敘事者；一位九型人格是 6 號的你，也許不擅主動開創，但可以是團隊中最穩定的風險評估師。

所以，重點從來不是「你是哪一型最好」，而是你是否已經根據你的性格，設計出正確的位置與策略。

◎真正的自由，是我知道我怎麼走，走起來也不違背本心

自由這個詞，很多人誤會是「我想怎樣就怎樣」，但其實，自由的心理定義是：「我有能力選擇我想要的狀態，並能承擔其結果」。

這本書不是要你變成某種理想人格,也不是幫你定義什麼叫做成功。它只是給你一套方法,讓你可以在選擇與行動之間,保持一致性與可持續性。

這是一種「心理結構上的自由」:我知道我如何回應壓力、我知道我喜歡與誰合作、我知道什麼情境下我最有能量、我知道哪些目標其實不是我想要的只是社會給的模板。

這種自由不是華麗的口號,而是一種安靜但穩定的力量——你不用一直跟人解釋你為什麼那樣走,因為你心裡有一張自己的地圖。

而這張地圖,就是你用性格為主軸、心理學為工具,一點一滴設計出來的。

◎成功的本質,是持續做出與自己一致的選擇

書中我們反覆強調:你做的每一個決策、建立的每一段關係、進行的每一項任務,都應該回到一個根本問題:這是不是符合我性格節奏的選擇?

如果是,那你即使做得慢,也會做得穩;

如果不是,那你做得快,也會崩得早。

當你開始用性格視角思考人生策略,你會從以下幾件事看到變化:

- 你不再羨慕別人的成功,而是好奇他們用了什麼適合他們的方式;
- 你不再討厭自己的缺點,而是知道該怎麼「補性成長」而非「人格修正」;
- 你不再追著機會跑,而是創造適合你站立的舞臺;
- 你不再忍耐不適合的工作與合作,而是為自己設計一種可長可久的價值結構。

結語　你不是要改變性格,而是用性格打開通往成功的門

　　這就是所謂的「性格致勝」。不是因為你的性格最強,而是你看懂了它、尊重了它、善用了它、設計了它的應用場景。

◎最後,你的人生設計,只有一個真正的原點:你自己

　　我們用一整本書告訴你,你不需要模仿;你需要的是回來問自己:「我真正的力量來自哪裡?我真正的限制又在哪裡?我可以怎麼走出屬於我自己的版本?」

　　你的版本,未必會像那些市面上的「成功模板」那麼耀眼,未必符合任何主流標準,但它會是一種你可以持續過下去、不會違背本心、還能穩定產生成果的生活方式。

　　這才是最實用、最真實、最值得追求的成功模型。

　　別再問自己「我要怎麼變得更像誰?」

　　你要問的是:「我怎麼成為那個,連我自己都願意每天為之努力的自己?」

　　你不是要改變性格,而是用性格,打開通往成功的門。

　　這扇門,也許你今天才剛開始找到鑰匙,但請相信 —— 它通往的,正是你未來真正想去的地方。

性格致勝：
MBTI × 心理學 × 人脈策略的成功學地圖

作　　　者：	林若昕
發 行 人：	黃振庭
出 版 者：	機曜文化事業有限公司
發 行 者：	機曜文化事業有限公司
E - m a i l：	sonbookservice@gmail.com
粉 絲 頁：	https://www.facebook.com/sonbookss
網　　　址：	https://sonbook.net/
地　　　址：	台北市中正區重慶南路一段61號8樓 8F., No.61, Sec. 1, Chongqing S. Rd., Zhongzheng Dist., Taipei City 100, Taiwan
電　　　話：	(02)2370-3310
傳　　　真：	(02)2388-1990
印　　　刷：	京峯數位服務有限公司
律師顧問：	廣華律師事務所 張珮琦律師

-版 權 聲 明-

本書作者使用 AI 協作，若有其他相關權利及授權需求請與本公司聯繫。

未經書面許可，不得複製、發行。

定　　價：420 元
發行日期：2025 年 06 月第一版
◎本書以 POD 印製
Design Assets from Freepik.com

國家圖書館出版品預行編目資料

性格致勝：MBTI× 心理學 × 人脈策略的成功學地圖 / 林若昕 著. -- 第一版. -- 臺北市：機曜文化事業有限公司, 2025.06
面； 公分
POD 版
ISBN 978-626-99636-4-5(平裝)
1.CST: 性格 2.CST: 人格心理學 3.CST: 成功法
173.75　　　　　114006631

電子書購買

爽讀 APP　　　臉書